だいわ文庫

ぶらり、世界の家事探訪
〈ヨーロッパ編〉

阿部絢子

大和書房

はじめに
海外暮らし体験の旅をしよう

「海外で暮らし体験をしたい！」と思い立ったのは、1990年にドイツ・フライブルクを旅したときだった。そのときの私の関心は、地球環境について。その最先端を走っていたドイツ・フライブルク市で、友人3人と、市政実態・市民生活を取材したかったのだ。

取材してどうこうしようと思ったわけではない。とにかく、先端市政を肌で感じたかったからにすぎない。いわば、メディアに身を置く者の使命感、好奇心からの旅であった。

当時は、現在のように情報網が発達しているわけではなかった。彼の地に立ち、目と耳を駆使しなければならなかった。このとき、取材をしていて、たしかに市政の実態はわかったが、肝心の暮らしの実像がわからないことに気がついた。家庭訪問もしてはみたが、実像はつかみづらかった。「暮らしの実像を、深く、丁寧に、もっと知りたい！」この思いが次第に強くなり、私の海外ホームスティへの出発点となった。その目的にちなんで、ここでは、ホームスティのことを「暮らし体験」と呼びたいと思う。

初めての体験地は48歳で訪れたスウェーデン。それは、ただただ驚きの連続だった。家族が築いた足跡。それが目の前で、しかも手にとるように伝わってきたのだ。この体験は胸に刺さった。以来、海外暮らし体験は私の年1回のライフワークとなり、70代後半となった今でも継続している。

最近では「さあ、暮らし体験に行こう」と思い立ってから、どこに行こうかと考える。当初はヨーロッパやアメリカを中心としていた。その後、アジア、オセアニアへと広げ、近年は、再びヨーロッパへと戻っている。

が、行き先を選ぶのは簡単ではない。だんだんむずかしくなってきている。理由の一つは、私の年齢が高くなったこと。受け入れ側をみつけるのに苦戦しているのだ。

滞在先選びについては、日本にある団体「日本国際生活体験協会」（通称ＥＩＬ）に依頼している。この団体はもともと国際交流を主体に、語学を学び、暮らしを体験する目的でつくられており、世界中に存在している。目的に添うように、利用者は若い人が中心だ。

暮らしの体験を目的に利用者を募集しているので、私はここを利用しているのだが、国によっては受け入れに年齢制限を設けているところもある。また、受け入れは了承されても、家庭選びが難航するケースもある。そんなことで、最近は候補地選びに苦労しているのが実情だ。

さらに、この団体は世界中に存在するといったが、世界情勢が変動し、さまざまな理由で活動休止の国が多くなっている。これも理由の一つだ。私が昔体験したスウェーデンやオランダなどは、今は休止している。この国へのホームスティはもう叶わないというわけだ。

できるだけ多くの国で暮らしの実像を体験したいと思うのだが、現実的に行き先選びはむずかしくなっている。繰り返し同じ国へ行ったり、友人のツテを頼るなど試行錯誤している。

しかし、私はホームスティがやめられない。友人などは「他人の家では、窮屈、面倒、退屈する」というが、私は違う。

普段の買い物はどこに行き、どんな食事をして、どんなものを持ち歩いているのか。何を着て、どんな家電を使って、部屋はどのように片づけているのか。どのように子育てをし、近所の人たちや友人とどうつき合い、仕事にはどう向き合っているのか。楽しみや、趣味は？　等々知りたいことが山ほどあって尽きることがない。

世界中にある家庭の数だけ暮らしがあり、それぞれ、すべて違う。そのすべては体験できないが、できるだけ数多くの暮らしを知りたい気持ちが強い。この気持ちが、私を海外暮らし体験へとかき立てる原動力だ。

さて、**自分で滞在する国と期間を決めたら、ＥＩＬに依頼をする。するとＥＩＬから、ホームステイ地、ホストファミリー、滞在期間などの決定の知らせが届く。**

ホームステイ国はこちらが指定できても、具体的な行き先はＥＩＬが決める。そこは首都でも、都市でもなく、大学のある郊外の街であることがほとんどだ。たとえば、ドイツならニュールンベルグ近郊のノイエンデッテルザウという小さな街、イギリスではリバプール近郊のイルクリーといった具合だ。都市を望むホームステイはＥＩＬでは無理と思っておいたほうがいい。

ＥＩＬに希望を申し込む際には、ホストファミリーへの手紙を英語で書き添える。これは、海外でのトラブルを防ぐ目的で、ＥＩＬが語学力を評価しているからだ。

ホームステイで勝手なことをされ、相手国と気まずくなるのは問題だ。だから、最低限の語学力を持つ人を選んでいるというわけだ。それは、当たり前で、話も通じない人をホームステイ先に紹介などできない。

初めてのホームステイではお互いにギクシャクしないよう、まずは経験豊富で受け入れ上手な家庭が多い国へと旅立つのが無難だ。上手な国といえば、アメリカ、イギリス、ドイツなどだろうか。

手始めは、アメリカがいい。人もいいし、受け入れをスムーズにしてくれる。アメリカはとても広いので、東側か西側かだけでも希望を決めておくといいが、決めかねるときは、ＥＩＬに気軽に相談してみるのがお勧め。

お願いする国（日本ＥＩＬ）も、受け入れる国（海外ＥＩＬ）も、双方が納得できるように人もスティ地も選んでいく。だから時間のかかる作業で、返事が来るまでにおよそ2カ月はかかる。たとえば6月にホームスティをしたいと考えたら、遅くとも1月中には申し込みをしなければならない。

スティ先決定の連絡が来たら、その後はすべて自分で手続きをする。航空券の手配、スティ地までの宿と交通手配、ホストファミリーへの自己紹介を兼ねてのやりとりなど、すべて自分で進めていく。これが初めてのときはちょっとハードルが高いかも。ここも、ＥＩＬに相談すれば、必ず手助けしてくれる。

初めての国では、ホームスティ先の街だけでなく、首都や都市部にも行きたいと思うこともある。スティ中はホストファミリーがいろいろと連れていってくれるが、自分が行きたいところへは自分で手配する必要がある。交通や宿などすべて自分でする。これが、また楽しい。

旅の本を片手に、宿、食べたいもの、行きたい図書館や名所などを見てあれこれ想像する。行き先やタイミングによっては、友人たちにも聞きながら手配していくと楽しみが格別となる。航空会社一つ選ぶのもウキウキ。これまで乗ったことのない航空会社を使う、降りたことのない飛行場に降り立つなど、プランを考えるときには気持ちがウキウキする。これも暮らし体験の楽しみの一つだ。

また、経済的なことも考える必要がある。ホームスティをするには、ある程度の経済的余裕がいる。帰りに観光したいということなら、なおさらだ。ホームスティそれ自体には、週単位の費用が提示される。これには目的地までの交通費、宿代などは含まれない。**この含まれない費用に余裕を持つことが重要だ。私は、一週間のホームスティで、総額約20～25万円を用意することにしている。**

一度ドイツに行ったとき、お金をスッカリ遣い果たしてしまい、帰りはクレジットカードがあるからいいや、と思っていたら、なんと限度額オーバーのため使用不可。そのせいでお土産を買えず、搭乗を待つ間のビール一杯もなく、とても悲しかった（私は、空港のカフェやレストランでビールを飲むのがいつもの楽しみなのだ）。

この経験から、**いざというときに遣えるお金も持参することにした。それ**

は、わずか1万円。でも、あるのとないのとでは、帰りの旅の楽しさが大いに違ってくる。「お金にはちょっと余裕を持たせて旅に出る」これ必須。

出発前の準備を進め、出発の4日前頃には荷造りを済ませ、宅配で空港に送り出す。荷造りには、ホストファミリーへのお土産が欠かせない。私はこれまでの経験から、消えてなくなる食べものにしている。異国の彼らに日本を感じてもらえる甘いもの（羊かん、吹き寄せ、小さい饅頭など）を選ぶことが多い。

それと、ホストファミリーへのサンクス料理（お礼の夕ご飯）をつくる材料も忘れたくない。たとえば海苔、米、お好み焼き粉、パン粉、しょうゆ、ソースなどをよく持参する。

荷物の発送が完了したら、体調を整えて、当日空港へと向かう。ここまでで、旅の3分の1が終了、いざ出発！

＊フィンランド2003年、ポーランド2005年、ジェノバ2008年、ノルウェー2009年、フランス2011年、アルバアドリアティカ2019年の旅の記録です。

もくじ

2か国目

ポーランド——豊かさを目標に暮らす

3か国目

フィンランド――ナチュラルに暮らす

4か国目

ノルウェー――シンプルに暮らす

5か国目

イタリア——フレンドリーに暮らす

1か国目

フランス——カッコよく暮らす

憧れのフランス

40代後半から60代半ばまでアチコチと暮らし体験の旅をした。だがこれまで、海外暮らし体験をしよう！　と思った国の中に、一度もフランスを思い浮かべたことがなかった。理由は簡単、「英語が通じない」から。

50代初め頃、ベルギー取材の帰りに、友人3人とパリに立ち寄った。友人のひとりは英語がペラペラ、私ともうひとりは幼稚園英語力。予約は宿だけのフリー旅。

移動は電車と地下鉄。たしか、ガイドブックに掲載されていたレストランに行くため、3人で地下鉄の路線乗り換えホームに行ったときのことだ。

乗り換えの道順がさっぱりわからず、乗るべきホームを探してウロウロ。足早に移動する何人かのパリ人にホームへの行き方を尋ねた。3人で教えられた通りに行くと、また元のホームに出る。これを何度も繰り返し、いつまで経っても目的のホームにはたどりつけない。

英語が通じないのか、私たちの聞きとりが悪いのか、行きつ戻りつ30分。私たちは迷いに迷っていた。見かねた人が、手を引いて連れていってくれ、ようやくホームにたどりつくことができた。

この苦い経験から、フランスでは英語が通じない（自分がしゃべれないことは棚に上げ）と、私は思い込んでいた。そして、フランスの暮らし体験をあきらめていたのだ。

しかし、あれから、10年以上。世の中はパソコン、スマートフォンなど電子機器類が相当発達した。翻訳機まで登場している。もしかしたら、フランスも今は英語が通じるようになったかもしれない、との期待が芽生えたのだ。

それに加え、欧州暮らし体験も、フランス、ポルトガル、オーストリア、ベルギーと、未経験国が数国を残すばかりとなった。まずは、イチかバチか、試しにフランスを経験しよう、と思い立ち、英語での受け入れを条件に、暮らし体験が叶った。

フランス西部港街・ナント

シャンソン歌手・バルバラの父が旅立った街・ナント。若かりし頃、いつも聴いていた、あのバルバラの曲『ナントに雨が降る』。その街に、これから降り立つ。雨は降っているのか？　曇り空か？　歌詞通りの街だろうか？　思わず口ずさむ。「～Nantes、～Nantesに雨が降る。私は思い出すわ。Nantesの空は私の心を悲しくさせる～」

雲を裂き、隙間から晩秋のナントの街並みが見えた。柔らかな灯りが菱形や五角形に瞬いて、絵ハガキのようだ。

ナントはフランス西部、ロワール川河口に位置し、日本の信濃川河口の街・新潟と姉妹都市である。が、上空からだけの印象だが、新潟とは違って感じる。瞬く灯りが、芸術・食文化・ファッションきらめくフランスであると主張している。

一方、いいすぎかもしれないが、新潟は裏日本で農耕文化が育まれる街、あまりにも違う。雨や川だって、新潟では土や水の匂いがするのだから。

フランス暮らし体験での私の関心といえば、英語が通じるか？　の不安ではなく（ホストマザーとのメールのやりとりで解消済みだ）、ワインへと移行していた。飲兵衛の私の中では、食事はもちろんだが、飲み物への期待感が風船のように膨らんでいる。ワインだけではなく、他にもどんな飲み物があるのか楽しみだ。

それに加えて、ナントは、16世紀にフランスに併合されるまでは、ブルターニュ公国の中心地としてさまざまな文化が花開いたと聞く。ここにも興味をそそられる。

夜の上空から街をのぞいただけでも、ワクワクとしてきた。

19世紀の家

10月のナント空港にホストマザー・メイトさんが迎えにきてくれていた。

鼻筋がスッと伸びた細面の顔、銀色の髪はセシールカット。これが顔立ちにマッチしててとてもよく似合っている。年齢は、当時60代半ばの私よりちょっと上。話していると、自由平等を地でいく、魅力的なフランス女性という印象を持った。

車で20分ほどで市の中心に到着。ここが1週間世話になるメイトさんの家。家は旧市街に歩いていけるほど近く、有名な市場「タランサック・マルシェ」も徒歩の距離にある、1850年建築の2階建て家屋。外壁は白、アーチ形の窓に白いレースのカーテンが洒落て、こじんまりしている。

通りに面した玄関を入ると、1階はリビング、キッチン、ダイニング。ダイニングからは車庫へと続き、食品庫などもその間にある。表通りと反対側のリビング後ろ側には、小さな内庭もあって、黒猫（名前はキャッシュ。ブルーの眼がきれいな4歳の雄）の特等席になっている。

2階は4室、それと、一部屋分あろうかと思えるほどの洗面所と浴室。スペース的には申し分ない。

1970年に室内改装をして、メイトさんは1980年からずっとこの家に暮らしている。１８５０年建築なので、天井がすごく高く、床は木製、壁は白の土壁製だ。部屋のしつらいといえば、ベッドと収納棚くらい。だから室内が広々と感じられる。

間接照明の灯りがほの暗く、昔のフランス映画に出てくるような雰囲気の空間だ。

ただ、困ったことに、窓がきちんと閉まらない。二重にはなっているのだが、外側も、内側もいわゆる立てつけが悪く、ちゃんと窓閉めができず、どうしてもほんの少し隙間が空いてしまう。冬は、石油を燃焼させたスチームを使うというが、ほとんど効かないそうだ。

「古い建物だからとても不便で、石油代だって大変だけど、ここが好き」

とメイトさんは、この家に住み続けるわけをいう。これでも今はまだ暮らしやすくなったそうだ。昔はお湯がすぐに出なかったし、シャワーもなかったので、沸かしたお湯で身体を拭いていたのよ、と楽しげに話す。

下宿人を置くホストマザー

朝起きていくと、見知らぬ女性がいた。メイトさんの説明では、この広い家にひとり暮らしはもったいないし、離婚した上に早期退職もしたので、年金の足しにと、今は下宿人をふたり受け入れているという。

そのうちのひとりに、朝食で出会った。彼女はフランス・ブルージュに住む歯科技工士のセシール。週に2回ナントの歯科医で働くので、ここに下宿しているという。

とってもチャーミング、それでもいうべきことはハッキリしている。行動は軽やかでキビキビ。身体はほっそりとスタイルがいい。

英・日・仏のチャンポンで話していると、かなりの日本通。話題は羊かんから夏目漱石、漢字までと幅が広い。さすがフランス人、文化に造詣が深く、私のほうがついていけない。

もうひとり、後で会ったのが、台湾からファッションやデザインの勉強をしにやってきた、セシールと同い年の20代後半の女性。私と同じアジア人のシオン。ショートで黒髪のふっくらとした丸顔にメガネ、優しそうな感じで、とても親しみが持てた。

が、セシールと違い、ちっとも会話が弾まない。話すときは、英・仏・日のチャンポンなのだが、なかなか会話は進まず、常に難航気味だ。

私だって英語は堪能ではないし、フランス語はまるで話せないから、身ぶり手ぶりが中心で、伝えたいことをわかってもらおうとする。でも彼女は、意思をわかってもらいたい！　という気持ちが薄いのがわかる。覚えたてのフランス語を使おうと一生懸命なのだ。

「どんな言葉を使うか」は人の自由だ。しかし話題は、その人なりの「関心」によるのだと、私は思う。人の関心には違いがあって当たり前だから、自分の聞きたい、知りたい、わかりたいことも人により違う。

人と話すということは、相手に何かしら、「疑問・不思議・関心」を抱くことが始まりではないか。まして、自分の知らない国の人と話をするのだから、何かしらの興味も湧くのでは？　と私は思う。

しかし、彼女にはそうした興味はあまりないようだ。だから、私と話していても会話が続かなかった。

メイトさんによると、暮らし始めてからの1年は、シオンは台湾に電話をかけ続けの日々だったとか。現在、ナント暮らし2年目だが、消極的な性格のせいか、いまだに友達がつくれず、学校と家との往復の毎日。とても手がかかるという。

控えめで内気なのかもしれないから、ま、ゆっくりとナント、いやフランスになじんでいってほしい。

晩秋のナントは曇りの日が多く、少し肌寒い。グレーの空に、時折霧雨。まるで、故郷新潟の晩秋と同じ空模様だ。さっきまでの雨が上がり、湿った空気が覆っている。

朝食後、それぞれが出かけ、私とメイトさんは街散策に出た。まずは近所のショッピングアーケードへ。

ナントの芸術的建築見学

パッサージュ・ポムレ

ショッピングアーケードというと「あの巣鴨と同じような？」と思われるかもしれないが、そうではない。観光名所のアーケードだ。

細い小路状の建物で、巣鴨のような道脇の商店に天井をつくったアーケードとは違う。フランスでもここにしか見られないという「3階建て小路状の回廊型アーケード」だ。

アーケードというと天井が覆われ、陽光が差し込まないイメージがある。でもこの建物は天井がガラス張りで、そこから太陽の光が差し込み、全体が柔らかく明るい。回廊型がカッコイイ。

小さな店が整然と並び、まるで絵画を見るようで、ウインドウショッピングだけでも楽しくなる。買い物好きにはたまらない場所だ。私が気になった店は眼鏡店。フレームのおしゃれなメガネについ目が奪われてしまった。

建物の天井、廊下、階段といたるところに、古き良き時代のデザインが施されている。たとえば、階段。3階建てとなると、エレベーター、エスカレーターが設置されていることが多い。でも、ここにはそんなものはない。階段しかなく、これがまた、センスがいい。

ステップは高からず、低からず、ちょうど小学校の階段を思い出す良き高さ。だから、大人でも軽やかに足が上がり、無理なく踏めて、エスカレーターの力を借りずとも、年のいった人も階段を使うことができる。幅も考えられている。余裕で足が収まるほどの幅があり、安心して上まで行ける。

階段は木製。そして、ステップの下に見事な彫刻が彫り込まれているから、思わず「素敵！」と声を上げた。

回廊を支える円柱も、どこかなつかしい、お寺の柱を思い出し、照明脇に立つ多くの彫像も、一つ一つ芸術的。やや小さいミロのビーナス風の彫像が、幾体もあり、思いっきり鑑賞できる。さながら、美術館に迷い込んだような感じだ。もし、我が町にこんなアーケードがあったら、ちょこちょこと通ってしまうことだろう。

ラ・シガル

さて、アーケードを抜け、広場に出た。目の前がオペラ座。その向かい側に、ナントで有名なカフェ「ラ・シガル」がある。ちょっとトイレ休憩を、とメイトさんと入る。

入ったとたん、トイレのことなんか忘れて、その芸術的な店内装飾に目を奪われてしまった。頭の上にはめ込まれたタイルの天井絵画。「サービスするギャルソン」が描かれている。

室内装飾はすべてアールヌーボ調。タイル、柱、照明、鏡などいたるところを埋め尽くし、コーヒーが置かれるテーブルまで、アールヌーボのタイルがはめ込まれている。このテーブルのタイルには、かわいい犬のギャルソンが描かれている。店での一杯のコーヒーが楽しく、美味しく、会話が弾んだ。

カフェが、人とのつながりや広がりを持たせてくれる。心からホッとするひとときが手に入れられる。朝のカフェで新聞を読む、昼は友だちとランチでおしゃべり、夜オペラの後口角泡飛ばしての議論を。これがカフェだ。

それに、うらやましいのが価格。800〜1000円という途方もない値ではない。2ユーロ（当時約260円）。驚くほど安い。庶民のふところにも優しいのだ。カフェはこうでなくっちゃ。

ここまで有名なカフェじゃなければ、ナントではだいたい1・5ユーロでコーヒーが飲める。だから気軽に、ちょっとトイレ休憩にカフェ、としてもいいのだ。特に忙しい人にとって、カフェはありがたい存在なのではないだろうか。

コーヒー好きの私は、このようなリーズナブルな価格で店内装飾の充実したカフェが、東京でも増えてくれるといいなと願っている。

ホストマザーは、料理上手でカッコいい

ナントツアーを楽しんでいるうちに、あっという間に昼をすぎた。大急ぎで帰り、ランチの支度をする。もちろんメイトさんがつくってくれる。

本日はピペラード。タマネギ、ピーマン、インゲンを炒め煮にし、トマトを加え、最後に卵を落として固める。他には、パン、チーズ、ラディッシュ、アップルソーダ。

シオンも学校から帰っていて、3人でランチ。私は、メイトさんとこれからのエネルギー（主に原発）について話す。昔の暮らしには、もう戻れない。現在の便利で快適な暮らしには、電力は必要。でも、原発は大きな問題を抱えている。答えは出ないが、お互い考えていかなければ、と一致した。

夕方、歯医者に出かけていたメイトさんが帰宅。リビングでアペリティフ。ウイスキーのソーダ割を飲んだ。多民族が暮らす欧州に根付くアペリ

ティフの文化は、人が打ち解けるのに一役買っているのかもしれない。メイトさんが自分のことをいろいろと話してくれる。

「4人兄弟で、私は下から2番目のひとり娘。結婚して子どもは女の子3人、孫が4人、下の娘夫婦がナント近くに住んでいるの。ずいぶん昔に、理化学研究所に2年間勤め、3回ほど東京に行ったけど、東京は騒がしくて人が多い。渋谷の交差点では目がまわったわ。離婚後はずっとひとりだけど、気楽でいいわ」

　話し込んでいるうちに、夕食の支度にとりかかる時間に。鶏のホワイトソース煮込み。ほとんど準備がしてあったようで、瞬く間に仕上げる。

セシールも帰宅して夕食。煮込みにはライス添え。飲み物は赤ワイン。これだけの夕食なのだが、ワインが美味しくて、煮込みをお代わりした。

メイトさんの暮らしはカッコいい。自分で暮らしを選んでいるからだ。

今を自由に、大切にして、選びとった暮らしをしている。食はもちろん、音楽、家、友人、近所付き合いなど、すべて〝気持ち〟を優先して選んだ暮らしなのだ、と私は思った。

ぶらり、ナント再発見

本日のツアーは日本庭園。興味はなかったが、とりあえず出かける。想像していた通り私には向かなかった。メイトさんに靴ずれができたので、早々に引き上げる。助かった。

まだ午前中なので、ひとりで市内見学に出た。教会を目指していると、フランス中で行われたマニフェスタ（デモ）に出会う。

デモ行進中の女性に「何のデモ？」と尋ねると、「労働者の賃金が安いので、抗議をしている」という。

デモ隊の後方にキッチンカーが連なっていて、サンドイッチ、ハンバーグ、ビール、ワインなどを販売しながらの移動屋台状態。参加している人たちがとても楽しそう。さすが、フランス・デモ！

サン・ピエールサンポール大聖堂

探していた教会がみつかった。家からほんのちょっと歩いただけだった。欧州、いやアジアや中東でも、ほとんどの街には、そこに暮らす人たちが信じている宗教があり、それを伝え、祈る場所がある。日本ではお寺や神社、欧州では教会、中東ではモスクといった具合だ。

ナントにはサン・ピエールサンポール大聖堂という教会がある。大聖堂と呼ばれるくらいなので、さぞかし立派で、由緒正しく、ゴシック調の飾りが多い教会だろうと思っていた。

が、訪れてみたら、拍子抜けするほど実にシンプル。私のお気に入りの教会の一つとなった（私は教会に別段詳しくないために、印象でシンプルと思っただけなのかもしれないが）。

天井は空に届くほど高い。壁はホワイトベージュで統一され、そこには教会によくある、ゴテゴテとした装飾が一切ない。スッキリとして、潔い教会といったらいいだろうか。

正面にはめ込まれたステンドグラスの色使いがいい。他の教会のものに比べると色数が少なく、ステンドグラスっぽくない。だから、より教会内のスッキリした印象が強調されているようだ。私好みのシンプルさを備えた教会なのだ。

それに、ちょうどその時期は観光客が少なく、終始、教会内が静かな雰囲気に包まれていたのも、私にとって快適な空間となった一因かもしれない。宗教は違っても、心落ち着く場所であった。

日々暮らす大都会・東京で、私にとっての憩いの場はほぼ神社。都会のお寺はコンクリート造で、敷地も狭く窮屈なので、神社を選ぶことが多い。

せわしない日々の中で、全てから解放され、心安らげる場所を持っておくのは、暮らしを豊かにするちょっとしたコツでもある。

料理上手のキッチン

さて、メイトさんの家のキッチンについて。彼女は下宿経営をしているので、ランチとサパーは必ずつくる。ときにはデザートも。

だから、食生活を中心に日々が動いていく。そのせいだろうか、19世紀の家にはちょっと贅沢な、IHレンジが備えつけられていた。しかも、最近つけたと話す。

欧州のレンジでガスを使用することは少なく、ほとんどが電気エネルギー利用である。慣れないと、火加減がむずかしい。私は最終日にトンカツを揚げたのだが、最後のトンカツは熱せられすぎて黒こげになり失敗。

話をメイトさんのキッチンに戻そう。スペースは広い。中央にテーブルとイス4脚が置かれ、入り口の左側に冷蔵庫、食品庫、IHレンジ、スパイス棚が並ぶ調理台、その下に食洗機、その隣が生ごみ用容器付きシンクと、一列に整理されている。

入り口の右側には、食器戸棚、鍵のかかった棚、コーヒーメーカー、トースター（これは25年間使用しているそうだ。ときどきパンが飛び出して床に転がる）などを置くスペースと続いていた。

入り口の反対側には、レースカーテンのかかった大きなアーチ型窓があり、その下はスチームというキッチン。ここで、メイトさんは、日々の食生活を営んでいる。

この日のランチは、ツナステーキ、マッシュポテト、サラダ、チーズ、そして白ワイン。飲兵衛の私にとって、ランチにワインが出るのはいうことなしの大満足暮らし体験である。ロワール川のワイン地帯でつくられたもの。さっぱりして甘さの少ない、ほどよい飲み心地だった。

料理のツナは大きくて立派、味つけは塩と胡椒だけで焼き上げ、仕上げにレモンをかけて、さっぱりとした味であった。食後にはメイトさんお手製のアップルパイとコーヒーを堪能。

夕食には、骨付き鶏肉の煮込み、マッシュポテト、白ワイン。一度も同じ料理がテーブルに載ったことがなかった。料理上手なので、毎日の食事そのものが楽しかった。

その一方で、洗濯、掃除などをする場面は見たことがなかった。洗濯機の場所さえも確認できなかった。家のどこかにはあるのだろうが。

いつものことだが、私は暮らし体験中、いわれなければ洗濯機は使わず、風呂での手洗いをすることにしている。洗濯機をまわすほどの汚れものを出さないよう、衣類は必ず多めに持参している。

汗でドロドロになったら、家族の洗濯物と一緒に洗ってもらうが、それ以外は手洗いを原則に、季節を選んで旅をしている。それ故に、洗濯機の在り処はわからなかったということだ。

「ガレット」って、何？

本日の午前中は、私が明日つくる料理の買い出しだ。いよいよマルシェにひとりで行く。目当てのものはマグロ、豚ヒレ、野菜、果物だけだが、はたしてフランスで買い物ができるか？

マグロは見ればわかるので、問題はなかった。豚ヒレがむずかしかった。「ヒレット」と発音したのだが、骨付き豚肉が出てきた。ヒレとはいわないのだろうか。そこで「中身の肉だけ」といったら、紐で縛ってある肉を示された。「これが肉だけだよ」といわれ、大きさからスライスしたら8枚はとれると目算して購入した。

やれやれ。「ツナをスライスして」は通じたのに、なぜか肉のスライスは通じなかったな、不思議である。野菜とイチジクはうまく買えた。

続いてコンビニのような小さなスーパーへ。マヨネーズ、マスタード、油を購入。これはいつもの買い物と同じなので、スムーズだった。以上で明日の準備が一応整った。

帰ったら、本日のランチは「ガレット」という。ガレットって何？　どんな食べ物なのだろうか。

恥ずかしながら、ナントでガレットを食べるまで、フランスでは日本のお好み焼きに似た一般的な食べ物だということを、私は知らなかった。

メイトさん行きつけの近所のガレット屋さんに連れていってもらうとき、ランチにクレープなど食べたくないと、初めは断った。しかし、お店に予約を入れられ、なかば強制的に食べる状況がつくられて、逃れるわけにはいかなくなった。

おしゃれなガレット屋・L'Grain de blé

店は、女性がひとりで切り盛りする、小さくて、黄色の外観が清楚な感じの、いかにも〝ガレット屋さん〟の雰囲気。小さい店だから、席数も少なく、アットホームだ。

私と同じくらいの背丈の店主さんがとても気さくに迎えてくれた。メイトさんとも気が合うようで、同じようなセシールカットのシルバーヘアがよく似合っている。黒縁の大きめのメガネ、黒のセーターに白エプロンと、フランスの文学少女の雰囲気さえ漂わせている。

外は霧雨まじりの曇り日だったけど、店に入ると、テーブルには透明なワインボトルに一本のバラが活けられ、洒落たベージュ縞のクロスが、私たちを待っていてくれた。木製のメニューリストの表紙に木の葉があしらわれていて、ガレットへの期待が高まる。でも、残念ながらフランス語で読めない。

食事前のシードルを飲みながら、メイトさんが注文してくれたガレットを待つ。しばらくして、ガレット登場！　かなり大きくて、お皿からはみ出ている。茶色にパリッと焼かれ折りたたまれたガレットに、大粒のホタテと魚介のソースがたっぷりとかかり、見るからに美味しそう。いや、とっても美味しかった。初体験のガレット、こんなに美味しいとは！　と感動してしまった。食いしんぼうで飲兵衛の私が、このガレットを知らずにフランスを離れるところだった。危ない、危ない。メイトさんに感謝だ。

たっぷりの魚介ガレットを堪能した後には、デザートガレットも、と勧められる。せっかくなので、今度は断らずにいただくことに。塩キャラメルのガレットだ。キャラメルだから甘いのかと思いきや、甘さ控えめでなかなかの美味。シードルを一本飲み干すほど、味、雰囲気、会話、すべてに満足した。もう一度ナントに来ることがあれば、再び出会いたい店だ。

ナントで、何と料理失敗！

さて、本日は私が夕食係。ご飯を炊くが、ＩＨがうまく使えず、少し硬めの炊き上がりとなった。酢飯をつくり、マグロの巻き寿司、日本から持参した粉でつくった簡単お好み焼き、それにデザートはイチジクのコンポート。

ご飯が硬めで中途半端だが、形だけは整えた。お好み焼きは、ガレットに比べたら月とスッポン。なかなか焼けなくて、ぐちゃぐちゃと崩れた。味はまあまあだったのに残念、ああ〜失敗！　デザートだけがうまくいった。ここは、アルザスの白ワインでごまかした。

巻き寿司はコツが要ってむずかしいし、お好み焼きは自宅ではつくらないので慣れていない（完璧に言い訳）。それなのに、いきなり本番でつくるのだから失敗するのも無理はない。普段からつくっていないと、美味しい料理はできない。大いに反省した。よし、明日も頑張ろう！

食後、エディット・ピアフの歌の話になり、シオンがパソコンで彼女の歌を流してくれて、盛り上がった。

ついでにナントで有名なタランサック・マルシェの感想を記しておこう。野菜、魚、肉、ハムやチーズ、花などの店が並ぶ市がマルシェだ。少し前の日本でも各都市でよく見られた朝市と同じである。

タランサック・マルシェは、常設。メイトさんの家から5分ほど歩いた場所にあり、私は毎日出かけていた。ナントでは知られたマルシェだ。

ウサギ、アヒルなどのジビエがぶら下がり、カニ、ムール貝、ぴちぴちしたエビなどの魚介、ザクロ、イチジク、栗といった果物、それに週刊誌、雑誌、新聞を扱う店もあった。

私は、毎日30分ものぞいていた。あるとき、ウナギの店に出会った。ウナギ大好きの私はそれをじっと眺めていると、店主が、見事な手さばきでウナギを〆ている。日本の職人のように、まな板に載せてさばくのではなく、手にウナギを持ち、持ったまま〆ていくのだ。うまいこと、次々と〆ていく。

飽きずに眺めていると、そこに、初老の夫婦がやってきた。少しの間並んで眺めた後、ウナギを買う様子。

思わず、どのようにして食べるのか聞いてみた。すると、普通に焼いて食べるという。どうも味つけは塩のようだ。日本では、蒸してたれに漬けて焼くと伝える。同じウナギなのに、こうも食べ方が違うのかと、お互い顔を見合わせた。ウナギがつなぐ、フランスと日本のほんの数分の付き合いというところか。

マルシェには、いろいろな人が来る。食材を通じての付き合いが生まれても不思議ではない。むしろ、楽しい出会いが待っているかもしれない。

メイトさんは、日々新聞を買いに出かけては、店主との会話を楽しんでいる。その様子は、見ているこちらも楽しくなる。

poissonnerie
24.80
17.90
11.99
9.00

メイトさんを見習い、旨い味に再挑戦

明け方、ゴトゴトと路上から音が聞こえてきた。ゴミ収集車だったのであわててシャッターを切ろうとするも、すでに遠ざかっていた。残念！

その日、メイトさんが瓶の回収場所にいくというので、ついていく。マルシェ前に回収容器が設置されていた。容器は投入口しか開いていない。回収された瓶を保管する部分は、道路の地下に埋め込まれている。私たちは、空き瓶を投入口に入れるだけで終了。いとも簡単な回収方法であった。

が、埋め込まれた回収機からは、どのように瓶を回収するのだろうか？ドイツでは、地上に瓶回収容器が設置され、その容器ごと回収していたが、フランスではどうなのか……。

これは私の想像だが、地下に行く入り口がどこかにあり、そこから瓶を回収しているのではないだろうか。次回には、ぜひとも現場を見て確認したいところだ。

その後、ワイン屋に行った。ロワールワイン5本、お土産用パックワインを購入し、全部で3600円だった。嘘のような価格だ。日本で買うよりずっと安い。

その後のランチは、昨夜の残りのお好み焼きと赤ワインで簡単に済ませた。夕食は私が担当した。日本でもよくつくる、私の定番トンカツ、サラダ、白ワイン。この夕食はうまくいった。

ここでお土産の日本酒、羊かん、小物袋などを渡す。喜んでもらえたので、よかった〜とひと安心した。

私がいただいた料理

・鶏肉のホワイトソース煮込み、人参のグラッセ添え
・ピペラード（バスク地方の料理）
・ツナステーキ、マッシュポテト、デザートはアップルパイ

・鶏肉のスープ煮、マッシュポテトとホースラディッシュ添え
・野菜とツナの炒め煮、パン添え

私がつくった料理

・お好み焼き
・マグロの巻き寿司
・トンカツ
・イチジクのコンポート

「カッコよく暮らす」を実践する建物

この日のメインは、フランスを代表する建築家ル・コルビュジエが建てたアパートの見学ツアーだ。いつも曇りのナントに、珍しく青空が広がり、空気がさわやかな日と出会えた。

「超カッコイイ！　素晴らしい！」と心が躍り、引き寄せられた建物。1955年に建築家ル・コルビュジエが建てたナント郊外のアパート（共同住宅）だ。当時の生活を再現している見学用の居室とは別に、現在も、アパートは使用され続け、多くの人たちが実際にここで暮らしている。

もっともカッコイイと感じたのは、建物の周辺環境だ。日本のアパートといえば、周辺に緑はなく、コンクリート製の箱が無機質に並んで建っている、といった感じなのだが、ここは違う。

私が「カッコイイ！」と声を上げたのは、そのアパートが、広々として風が気持ちよく通り抜ける、緑たっぷりの公園内に存在していたからだ。そう、アパートを中心として、その周辺に広がる景色に圧倒された。空が晴れた日だからよけいに緑がくっきりと映え、気持ちのいい景色だった。

ついでにいうと、私は「余白」が好きだ。ゴチャゴチャした場所もいいのだが、広々として、空間にゆとりのある場所のほうがよりいい。そこに樹々やグリーンの絨毯、青空天井が広がっていれば「ブラボー！」だ。

ル・コルビュジエが、ここを選んだわけがわかるような気がした。公園を抜けたところに、聳《そび》え立つようにアパートは建っている。公園へと続く反対側の道は、街へと抜けられるように続いている。

抜け出た道の家並みからふり返ると、アパートがちょっとだけ顔を出している。その家並みも、アパートと同じような色の建物が並んでいて、すべてがピッタリと街にマッチしている。違和感なく申し分ない調和、という印象を私は強く受けた。

アパート全体の外観を見ると、これがまた可愛らしい。隣と仕切られたベランダパネル、ベランダ奥に見える窓にはめ込まれたガラス、これらが赤、緑、黄、青、白と色とりどりだ。といっても、迫ってくるほどの主張した色使いではなく、遠目に少し色が見える程度で、ちょうどいい。

ここがまさに、コルビュジエならではのデザイン力。建築デザインが生きるも死ぬも、デザインする者の力量が表れるということを、私は目の前の建物で実感した。

さて、アパートの建物内へと入る。中のデザインはどうか。1955年、戦後、間もない頃の建物。とても興味をそそられる。玄関から廊下へと入る。廊下は灯りがなく、薄暗い。

そんな中にパッと明るいデザインが目に飛び込んできた。並んだ郵便ポストが、外から見た窓やベランダのように、ここも、赤、黄、青、緑と色とりどり。薄暗い廊下に花が咲いたように明るく美しい。

ドアを開けて室内へ。真っ先に目についたのが、木製壁にとりつけられた、コートかけ用のちょっと大きめのフック。濃い茶色のフックが、木製壁によく似合っている。

フックにかけられていたのは、買い物袋、セーター、帽子、マフラーやハンガー。なるほど、日常使いのものを隠して収納するのではなく、わざと見える状態にしておくのが、わかりやすくて使いやすい。当時は、着るもの、使うものも限られ、少なかっただろうから、吊るしておいても整頓されていて決して見苦しくない。

が、今はどうか。ものの溢れた現代では、ここまで吊るす整頓はむずかしい。きれいさもキープしきれないと思った。実際に、このアパートに住んでいる方はどうしているのか、暮らしを見学してみたい。

もう一つ、考えられたデザインだと私が感心したのは、キッチンのガス湯沸かし器の脇に開けられたボックス穴だ。この穴は、廊下に突き抜けており、廊下側から牛乳や新聞などがこのボックスに届けられる。それを室内側から受けとれ、わざわざ外に出なくてもいい仕組みだ。これには唸った。

室内はメゾネット型になっていて、下の階がキッチンとリビング、上階に寝室、洗面所、トイレなどがある。上階へ上がるステップが素敵だ。木製で幅が狭く、段差も小さく、上りやすい。

設置されていたテーブルとイスも木製で、使う人の身体に合わせたサイズ

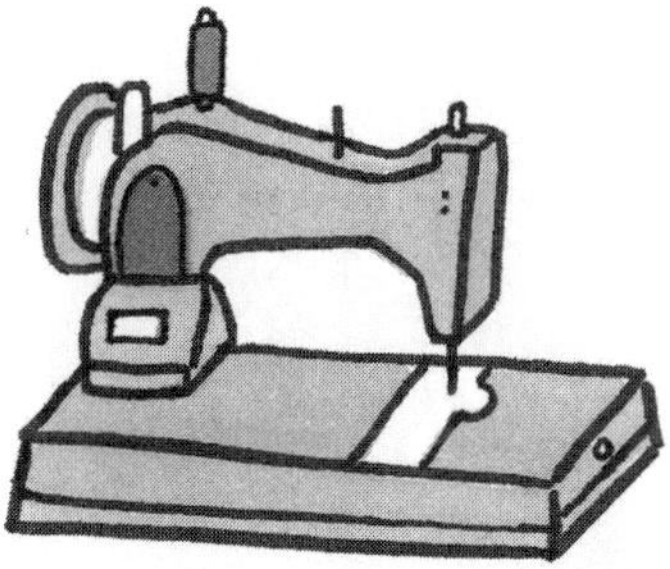

になっていた。当時使用していたと思われる道具類、たとえば掃除機、ミシン、ラジオ、裁縫箱などが展示物として置かれていたが、私にとってはとてもなつかしいレトロなデザインで、今使ってもいいと思えた。

ところで、不思議に思ったのは、洗濯場。洗濯機がなかった。聞けば、多分地下に洗濯場があるのではないかとの返事。

そういえば、若かりし頃に見学したドイツのアパートは、地下に共同洗濯場があった。この頃から、共用スペースの考え方があったというわけだ。

この1955年建設のレトロな建物に、現在も多くの人々が暮らしている。その方たちは、古き良き時代を手元に引き寄せることで、消費優先に偏った暮らしを拒み、ちょっと昔の暮らしを求めたのではないかと想像する。そして得られたのが、ル・コルビュジエのアパート。

この先の人生を考えると、ナント郊外に暮らしが持てた人たちをつくづくうらやましく思う。

フランスは、年をとってもひとり暮らし

朝から、マルシェで買ったマカロンをリビングで食べながら、近所の方の話をする。向かいのお婆さんは91歳で、ひとり暮らし。買い物に行ってはまた同じものを買って返しに行くなど、記憶が途切れているそうだ。年をとると、身体や記憶力が衰えるから、どう暮らすかは、誰にとっても大問題だ。

フランスの老人はひとり暮らしをしているなんてすごい、と私がいうと、「老人のひとり暮らしはフランスでは当たり前」とメイトさんは説明した。

親子では考えが違うので、一緒にいては争いになるという。自立心の強いフランス人ならではの考え方だ。それに、公共老人ホームは入居待ちで、有料老人ホームは高額なため、結局はひとり暮らしをすることになるという。

お互い、年をとるのは大変ね、という意見で一致。といってもやっぱり、**メイトさんの暮らしは「仕方なく」ではなく「選びとった暮らし」だった。**

住む場所を選ぶ

19世紀に建設された家を維持し、住み続けるフランス人。古き家をアッサリと壊し、現代的なものへとすぐ建て替える日本人。

どちらの暮らし心地がいいか、住み心地がいいか、暮らしは人それぞれで比較すべきことではないかもしれない。だが、**住むところは自分から選んでいかなければ、暮らしに心地よさや快適さをもたらすことはできない。どんな家に住むか、それは「暮らしを選ぶこと」と同義であると私は思う。**

暮らしは、一生を通して持ち続ける自己表現にも通じているからだと思う。誕生からある程度成長するまでは、親が選んだ暮らしの影響下にある。ひとり立ちした後、または家族を持ち、人生のピークを迎え、さまざまな刺激を受けて吸収しながら、自分の暮らしを根付かせ、花開かせていく。やがて老い、身体的、能力的な衰えをカバーしながら暮らす。

コルビュジエがコンパクトだが、周辺の環境を含めて気持ちいい住まいを設計、建築した1955年。以来、多くのフランス人が、現在もそこで暮らしている。古いが、快適で気持ちよい要素をすべて兼ね備えた住まい、これを彼らが選びとっているからだ。

日本でも、高度経済成長期に、光が丘や多摩に住宅が建設され、多くの人たちが暮らしていた。だが、現在は住人が減り続けていると聞く。なぜか？　年齢とともに、快適ではなくなっているからだといわれる。

一生を予測して選びとった住まいではなかったのか？　人生のピーク時の暮らししか考えていなかったのか？　住まいとは、そんなものなのだろうか。いや、そうではないはずだ。

今考えるべきなのは、人生最後の住まいだ。老いて暮らせる、これが本来持つべき住まいの一つの姿であるはずだと思う。それは人生の最後を一番楽しく、堪能したいからだ。介護が受けられ、浴槽にも無理なく入れて、他人に任せられるキッチンもあり、医者や看護師も出入りできる、これが終末期の住まいというものではないだろうか。

いいかえると、住まいとは、階段は上らなくていい、トイレはベッドの近く、シャワーは車イスで入れるほど広い、といったような、終末期までの暮らしを視野に入れて設計された住まいでなければ、本当の住まいとはいえないのではないか。

私はデンマークで訪問した介護住宅が、老いた後までを考えた住まいの理想だと思っている。病にかかっても、それでもひとり暮らしできる介護住宅施設だ。

そこには緊急時の医者、看護師、介護士が常駐している。だが、年齢や病を問わず、これまで営んできたのと同じように、ひとりでも自由に過ごせ、行動に制限もなく、暮らしが継続できる。施設内にはレストランもあった。

そして、最後の最後、介助が必要になったとき、援助のある暮らしができる、こうした住まいが私には理想である。

人生を自分で選びとっていくように、住まいも選びとっていかなければ、一生を謳歌して楽しむことなど到底できはしない。私はデンマークで見学したような住まいを、最終過ごす場所に選んでいきたいと思っている。

「芸術的なショッピングアーケード・
パッサージュ・ポムレ」

「1955年に建てられた、ル・コルビュジエ設計のアパート」

「料理上手のメイトさんご自慢のＩＨレンジを備えたキッチン」

「家から徒歩５分のタランサック・
マルシェで本屋に立ち寄るメイトさん」

「料理は、ときどき豪快に、
鍋ごとテーブルに乗せられる」

2か国目

ポーランド——豊かさを目標に暮らす

歴史の東欧ポーランド

暮らし体験で東欧に行くなら、前々から、チェコやハンガリーに行きたいと考えていた。しかし、ＥＩＬに依頼できる国はポーランドしかなかった。ポーランドは欧州の東にあり、隣国ロシアの影響を強く受けている。元々この国の人々の暮らしに特別な関心があったかといえば、ないに等しかった。しかし、かつてこの国には、ユダヤ人強制収容所があった。生きているうちに足を運び、土を踏みしめ、この目で戦争中に起こったことの軌跡を確かめたい気持ちはあった。

さらに、ポーランドは１９８０年に結成された「独立自主管理労働組合」（通称・連帯）が民衆勢力の支援を受け、民主化運動交渉に臨み、政権を握った過去があり、労働者にとっての民主化の歴史の地でもある。労働者の一員として、その地での歴史の香りを確かめたいとの思いもあった。

ハッキリいえば、ポーランドの暮らしより、強制収容所の存在と労働者民主化の場所ということが、私をポーランドへと向かわせた一番の理由だった。

たどり着いた町・トルンの新興住宅

ポーランドのおへそ辺りに位置する町、トルンに到着。ホッとして、駅ホームに降り立った。

レトロといえば格好はよいが、かなり古びたトルン駅は降り立つ人もまばらだ。初夏の昼下がり、晴れているのに駅には少しけだるい空気が漂っている。出迎えてくれたＥＩＬスタッフとともに、ホストファミリー家へと向かった。

トルンは町中に大きな川が流れ、我が故郷の新潟を彷彿とさせた。市内はにぎやかではないが、年季の入った建物が連なり、歩道ではパラソルが花開き、そこには花の露店が出ていて、人の流れもある。

市内を抜けて車で10分ほど走ると、麦の穂が波打ち、青臭い風が吹き抜ける草原が現れた。と思ったら、場面が切り替わり、きれいに庭を整えた家がずらりと並ぶ住宅地がいきなり出現。この中の一軒、ピッカピカ1年生と見受けられる2階建ての赤い瓦屋根、前庭が広く大きな家の前に車は停まった。

「ここが、これから1週間お世話になるソラル家か」

車を降りながら思う。

すでに、私たちを出迎えるように玄関ポーチに立つ50代後半ほどの女性。背丈は私と同じくらいで、スラリとスリムな体型だ。明るめの茶色の髪に、神経の細やかさを表しているかのような細面の顔が、うつむきがちにこちらを見ている。

「あ、彼女が、私の暮らし体験を受け入れてくれたソラル夫人だな」と認識した。

挨拶を交わしたのち、室内に通される。入ったとたん、豊かな暮らしが迫ってきた。

リビングは広く立派で、しかも清々としている。あちこちに大きなグリーンの鉢が置かれている。リビングに続くキッチンは、ＩＨ製レンジ、冷蔵庫、シンクに食洗機と新品家電が鎮座している。

新築の家に、たった今越してきた様子が、手にとるようにわかる。ここには長年暮らしを続けてきた匂いも、色も、おもむきも、微塵もない。「新興住宅です」と建物が主張する。

室内をさっと見渡し、イスに座った。そのとき、テーブルの上に一通の手紙があるのが目に入った。それをソラル夫人は、私にと差し出す。

そのときはＥＩＬスタッフもいたこともあり、開封はしたものの、ザッと見ただけで読まずに閉じた。私の英語は幼稚園レベルだから、人がいるところでは集中できず、手紙など読めない。そのときは、ＥＩＬスタッフとの話に集中することを選んだ。後に、これが失敗だったとわかる。

ＥＩＬスタッフには、自己紹介もかねて職業や日本での暮らしや食生活、今関心を持っていることなどを説明した。ちょうど話題が日本人の暮らしに移ったので、持ってきたお土産を開けた。

だが、気がつくと、肝心のソラル夫人は話の輪に加わっていない。「アレッ」と不思議な気がしたが「話題に興味がないのかな？」と流した。それにしても、暮らし体験を受け入れたのに、妙によそよそしい態度だ。さらに不思議だったのは、ＥＩＬのスタッフとも打ち解けた様子がない。「どうもおかしいな？」と一瞬思ったが、すぐに忘れてしまった。

彼らが帰り、昼の食事の時間になった。手伝おうとすると、控えめな彼女に「あなたはゲストだから」と強い口調で制された。少しひるんだが「ゲストではない」と手伝おうとするも、すでにたくさんの料理が冷蔵庫に用意されていた。大きな冷蔵庫に、ステンレス鍋三つ、サラダボール二つ、スープカップ四つが整然と収まっていた。

昼食に並べられた料理はチキンのトマト煮込み、アボカド・紫キャベツ・レタスのサラダ、それにご飯。トマト煮込みをご飯と一緒にいただく。他にも、ＩＨの上にはつくりかけのたっぷりのイチゴ煮がある。デザート用なのだろうか？

ソラル夫人いわく、大量の調理済み料理は「エラがつくってくれた」とのこと。エラは彼女の友人で、ホテルと観光ビジネスの会社経営者。国際交流も手がけているやり手の女性らしい。「なぜその彼女が今日のために料理を？」とふと疑問に思ったが、そのまま素通りしてしまった。

キッチンに置かれた小さな丸テーブル（キッチンにあるテーブルは自家用で来客用のダイニングテーブルとは別）で、ふたり向かい合って昼食を食べ始めるが、お互いに借りてきた猫のようにダンマリ。話はちっとも弾まない。察するに、ソラル夫人は最初の印象通り、まじめで礼儀正しく、きちんとしていて、やや神経質なのか。これからの1週間、これではどうしよう……困ったなと、内心思った。

食後、彼女の夫が飼育しているという蜜蜂農場へと出かけた。麦畑に隣接しており、明るい陽射しの中、麦畑は、とても気持ちがいい。

広い農場に蜜蜂の箱が33個。蜜をしぼる機械まで設置されていた。蜜蜂が実際に動く様子や巣箱への出入りを見学する機会などそうそうない。食い入るように見て目に焼き付け、しぼり機まで使わせてもらった。

未処理のハチミツは、私が食べたことのない、甘み、苦み、香りなどの複雑な味がして、麦畑の青くさい風の中、まるでこの一瞬、青春に戻ったかのようだった。

トルンでどんな体験しようかな？

翌朝5時に目覚めたが、家々がまだ寝静まっている時間帯なのでじっと我慢。7時を待って起床した。

キッチンで昨日のカップなどを洗い、コーヒーを淹れる。本日は日曜日だ。来週から何をしようかと、ホストマザーに行きたいところを説明するため、辞書を引きながらプランを練る。ゴミ処理場、給水場……行きたいところがたくさんある。

夫人が起きてきたので朝食をとる。メニューはパン、ポテトサラダ、トマト、ハム、カッテージチーズ。夫人が、今日はトルンの旧市街散策に行くという。家にふたりきりで、窮屈な思いをするよりはましか、と支度をした。

徒歩で15分のバス停からバスに乗り、20分ほどでトルン市街地に着いた。まずは旧市街にある民俗博物館へ行く。そこでは18世紀頃の風車や、水力を利用した粉挽き民具などが展示されている。次にもう一つ博物館をはしごして疲労困憊《ぱい》。お腹が空いたのでレストランへ直行。

ポーランドの代表料理（ポーランド餃子とも呼ばれる）ピエロギを注文した。小麦粉を水で練って延ばした皮の中に、肉や野菜、チーズなど、さまざまな具材を餡にして詰めた料理だ。私たちの知る餃子より大きい。茹でてソースをかけて食べる。彼女が注文したのは、一般的な餡の肉とジャガイモ。

実は、私はポーランドに来る前、名古屋の万博でポーランド館に行き、ピエロギを食べていた。その味はまあまあだったが、実際の本場ピエロギの味は、ずいぶん違っていた。少し塩で味つけした肉詰め平うどん、それを出汁で食べる、サッパリしたものという感じ。せっかくの本場の味だが、脂っこいものが大好きな私の味覚には、どうもなじまなかった。

食後は、コペルニクスの誕生地であるトルンの博物館へ。一日で三つも博物館見学。しかもすべてポーランド語。これにはヘトヘトだ。

疲れ果てて帰り着き、ひと休みしている間に、気づけば夜8時すぎ。長い日曜日が暮れていく。

ホストマザー、もうひとり出現⁉

　翌朝、昨日と同じメニューの朝食を食べていると、料理をつくってくれた友人エラから電話がかかってきた。「今、夫とともに、こちらに向かっている」とのことらしい。

　しばらくして、彼らが到着した。エラは、50代後半くらいの年齢。ふっくらとして貫禄十分な太め体型。ゆったり豊かな暮らしぶりを想像させる色白の顔。わずかにカールしたブロンドヘアが似合っている。目はビジネスレディ然と細長だ。印象的だったのは、爪にほどこされた真っ赤なマニキュア。白い手に赤い爪。家事をする人ではないことがよくわかる手だ。

　夫のアンドレアスは60代くらいか。背が高くがっちりとした身体つき。チャップリンのような鼻ひげが愛嬌のお公家さん顔で、かわいらしい目をしている。

この夫婦はとてもソラル夫人の友人とは思えない。強いオーラを発する、お金持ちそうな人たちだ。挨拶もソコソコに、ずいぶんなれなれしい態度だ。まるで我が家にいるかのよう。今からオフィスに出かけるのでと、勝手に着替えたり、コーヒーを飲んだり、セカセカとあわただしく動く。

ソラル夫人も手伝いのために出るというので、私も一緒にエラのオフィスへ行くことになった。一緒に来たものの、私にはやることが何もない。仕方なく、エラとスーパーで待ち合わせる約束をしてバスに乗り、一足先にスーパーへと向かう。

トルン郊外の外資系大手スーパーは、日本の郊外型ショッピングセンターと同じように広い。人々が持つカゴの中身をのぞき驚いた。ワイン5～6本、コーヒーが10箱も入っていたりする。ここは高級なスーパーと知っていたが、それにしても客の買い物量が半端じゃない。もちろん、私の買い物スタイルとは全く違う。ポーランドが車社会で、住居面積が広く置き場所に困らないこと、家族の数が多いこと、それに時間を有効利用したいなど、さまざま理由は考えられるが、それにしても、一度に買いすぎではないか。

一方では、ポーランドの失業率はかなり高いという話を聞く。どうも格差があるらしい。スーパーでの人々の様子を見るかぎりでは、高失業率とは感じられない。そんなことを考えながら、暮らし体験の最終日にふるまう料理の食材をあれこれ吟味。そうこうしているうちに約束の時間になったので、エラとの待ち合わせ場所へと向かった。

エラは先に待っていて、すぐに車で家へと向かう。出かける前もだが、帰り着くやいなや、彼女はまるで我が家にいるかのごとくふるまっている。ソラル夫人はどこへ行ったのか？　どうしたのか？　思わず、ここは誰の家かと尋ねる。

「私の家よ」

え〜っ、じゃあ今まで私と一緒にいてくれたホストマザーのソラル夫人は、いったい誰!?!?

彼女はエラの友人エバ。「手紙に書いたでしょ」といわれ、ようやく思い出す。そういえば、手紙を渡されたんだっけ。そうだ、しっかり読まずにそのままにしていた。私がうかつだった。思い返せば、違和感を覚える瞬間は何度もあった。お土産に興味を示さなかったのも不思議だったし、蜜蜂農場の夫が帰ってこないのも妙だ。この2日間を思い返し、これまでのエバのよそよそしい態度に、「どうりで」と納得した。ああ〜、私はまぬけ。

エラは、体型の通り豊かな、観光ビジネスの会社経営者。そしてとても忙しい人だ。朝早くから、夜遅くまで事業に専念。帰宅するやいなや、アイロンかけをするという。

どんなふうにかけるのか見たくて、一緒に2階へとついていく。2階は、ベッド、浴室&洗濯場、それに雑然とした超広いスペース。そのスペースに冷蔵庫、アイロン台とアイロン、簡易寝具、イス、段ボール、旅行用スーツケース、テーブルと、その上にはシーツ用アイロンなど、持ちモノや家事道具などが乱雑に置かれている。天井近くには室内幅いっぱいに突っ張り棒が伸びていて、そこにはシャツ、ズボン、ブラウスなどの洗濯物が干されている。乾いた洗濯物のシーツやランチョンマット、ワイシャツは、アイロン準備を待つように、イスの背にどっさり折り重なっていた。

この部屋は、いったいどのように利用するのか。ここでエバが寝起きしていたところを考えると、多目的スペースだ。

エラが夫のアンドレアスのワイシャツにアイロンをかけ始めた。立ち式アイロン台にシャツをかぶせ、背中の部分に霧を吹き、アイロンを滑らせる。なかなか手際がいい。仕上がったらハンガーにかけ、突っ張り棒に吊るす。これは一時的な収納なのだろうか。その他の衣類は寝室にあるのだろうか。気になったが、そこまでは見せてもらえなかった。

ソラル家での私の居室は、1階玄関脇のスペース。アンドレアスの書斎のような場所だった。

ところで、エラは少しの間をみつけ、アイロンかけを済ませ、次には洗濯、そして料理、さらには植木ケアなどに精を出す。時間を1秒も無駄にしたくない、と家にいてもバタバタと精力的に動く。

その忙しい合間にも、昔の隣人が訪ねてきたりする。彼らが帰るとすぐさま植木の手入れ。とにかくよく動く。仕事の疲れを家の仕事で解消させるかのように。根っからの働き者だ。これでなければ、経営者は務まらないのかもしれない、と感心してしまった。

何事にも精力的。でも掃除は外注？

エラたちが暮らす新興住宅地では、どこへ行くにも車移動が基本だ。エラとアンドレアスは、それぞれが車を所有している。でも私の移動手段はバスしかない。外出予定がなければ、気軽に出かけようとは思わないので、鍵ばあさんよろしく、ひとりで家にいることになる。

この日、家にいたらお掃除の人がやってきた。エラは家事を外注しているようだ。うらやましい。ポーランドのプロ掃除術を、じっくり拝見。

まずは、家具のワックス拭きからスタート。テーブルクロスを外し、ワックスをかけ、から拭きをする。サイドテーブルからイスの脚までも、しっかりと拭きあげていく。

次は、洗剤液で雑巾をしぼり、窓辺、暖炉周辺を拭きあげる。

さらにシャワー&トイレ&洗面室へ。まずはトイレ。トイレブラシと専用洗剤でトイレボールを擦り、洗剤液でしぼった雑巾で、便座、便器の側面、壁を拭きあげる。

それからシャワー室。シャワー室の材質は壁面も床もプラスティック。ここも雑巾拭きをしていく。洗面所の鏡はワックスをつけて、から拭きをした。最後に、トイレと洗面所の床だ。ちりとりとブラシで髪の毛とホコリを集め、洗剤液でしぼった雑巾で拭きあげて、掃除は終了した。

やっぱり水垢は溜まると落とすのが大変になる、これは、どの暮らしにも共通の問題だ。だから、水まわり中心に掃除していたのだと勝手に納得する。

しかし、とも思う。今は家が新しいからいいが、次第にキッチンの油汚れも大変になってくる。キッチンの掃除は依頼していないのか？　気になる。私としては、外注するならワックスがけより、キッチンの油汚れの掃除だが。

来客の目を気にする、経営者・エラの考え方なのだろうか？　リビング・家具をきれいにしておきたい、ということなのか？　掃除も、暮らしぶりと同じで、人によりいろいろということのようだった。

ポーランドの食事は一日何回？

この日はＥＩＬに依頼したトルンの自然公園見学の予定を入れていた。エラとアンドレアスはすでに仕事に行き、私も出かけようとしていた。そのとき突然、玄関庭の水道から水が勢いよく、高く噴き出した。止めようにも、どこに元栓があるのかわからず何もできない。ただ水のまわりを、アタフタ、アタフタ、オロオロ、ウロウロ。庭でドタバタしていた。すると、向かいの奥さんが、玄関から「栓を止めて！」と叫ぶ。それがわかれば、苦労はしない。「どこにあるかわからない！」と叫び返す。あわてて奥さんが駆けつけて、栓を止めてくれた。やれやれ、一段落。よく知らぬ土地であるがゆえのトラブルも、暮らし体験にはつきものだ。

その後、仕事を早く切り上げたアンドレアスが迎えにきてくれて、トルン自然公園見学に出かける（自然に関しては、それほど興味はなかったが）。

ところで、ポーランドに来て疑問が湧いたことがある。「ランチがない？」。

こちらに来てから、8時すぎくらいに朝食をとり、その後出かけた場所（たいていはエラのオフィス近くのレストラン）か、あるいは家に帰っての夕方6時以降に食事、そして夜にも軽い食事という流れを繰り返していた。それで、「12時頃に食べるランチがないいんじゃないの？」と不思議に思っていたのだ。

その疑問を解消してくれたのが、自然公園で出会った日本人女性。彼女はＪＩＣＡでポーランドに出向き、日本語教師として働き、そのままポーランド人と結婚した。今はトルンに住んでいるという。

「ここでは、朝6時頃に朝食、11時にスナック、仕事終了が4時頃。この後、家で4時すぎにランチ。夕食は軽く。一日4回に分けて食べるんです」とのことだ。

そうか、私は日本の習慣で、ランチは12時前後と思い込んでいたが、全く違った。エラの仕事は、ポーランドの一般である4時ではなく6時に終わり、それからランチということだったのだ。

そういえば、北欧でも仕事の終了時間は早かった。働き手が中心の社会では、仕事の終わり時間が早く、その後は家でゆっくり過ごすという慣習になっているのだ。

自然公園には興味がなかったものの、現地に住む日本人に出会えてこちらの暮らしを知ることができたので、来てよかったと思った。

体験は積極的に

暮らし体験受け入れは、国によりさまざまだ。今回ホストである彼らは、毎日忙しく仕事に出かける。が、私は予定をつくらなければ、何もすることがなく家にいるばかりとなる。そこで、ＥＩＬに「環境関係の体験がしたい」と申し入れ、この日は、トルンのマテリアルリサイクル企業が支援するＮＧＯ団体主催の資源ゴミ教育見学、資源ゴミリサイクル現場見学ができた。

資源ゴミ教育は、小学生向けに資源ゴミの大切さを伝える勉強会だ。そこで伝えている内容や、子どもたちの受け止め方などの発表の場に同席できた。残念ながら、すべてポーランド語で、ちゃんと理解できたか不明だが、推測するに、日本での環境教育とそれほどの違いはないと、私には思えた。

その後、リサイクル工場を見学。私には、とても見慣れた光景であった。市から排出されるマテリアルを工場に回収し、12名の従業員がすべて手作業で分別していた。この光景は、1990年に、初めてドイツ・フライブルクのフィッシャー社を見学したときの現場とそっくり同じであり、私にとってはなつかしく思い出される光景であった。

と同時に、ポーランドのリサイクル事業は、今まさに緒に就いたばかり。地球上の一国家として、環境をめぐるこれからの長い道のりを思い描くこの国の姿勢に、私は希望を抱いた。だが、出会うポーランド人の目下の関心事が環境云々ではなく失業率のことばかりであったことは、とても残念だった。

このとき、ほんの少しでもポーランドの環境教育を体験できたのは、嬉しいかぎりだった。

体験でもう一つ面白かったのは、アンドレアスに案内されたヘルスセンターだ。とても興味深かった。「ヘルスセンター」といわれたので、大したことはないだろうと期待はしていなかった。が、とんでもないところだった。トルン近郊の平地にポツンと立っている建物、それがヘルスセンターであった。建物は高さ150m、長さ800m、幅5～6mほどの巨大な木組みの壁である。壁のてっぺんまで、地下水を汲み上げ、上から下へと水が木の壁をつたって、ちょろちょろと流れる仕組みになっているだけだ。

だが、この地下水に塩分が含まれ、その塩水が風で蒸発し、ちょうど海岸にいるような心地よい気持ちになれる。ここに漂う空気を吸い込むと健康になれるので、ヘルスセンターといわれているという。

壁のてっぺんに登ってみると、確かに150mと高い。足元を塩水がちょろちょろと下へ降りていく。はるか彼方まで見渡せ、他の建物など何もない。何とも、爽快な気分！

その日の気温は33℃もあり、とても涼しい日だとは思えないのだが、そこはなぜかとても気持ちがよく、心地よかった。

建物の壁脇では、水着の老人たちがベンチに座り、海岸での日光浴よろしく、のんびりと日を浴びている。見学したときは、まだ若かったから想像できなかったが、今の年となると、とてもうらやましい光景として思い出す。

ヘルスセンターは、ポーランド内陸部にあった。このような巨大健康施設を考え出し、つくり上げたポーランド人の先進性たるや。その感動を、当時の爽快感とともに、今でも思い出す。

家事外注、選んでいい？

私がポーランドで暮らし体験をした2005年当時、この国はとても高い失業率に悩まされていた。仕事に就けない人たちが、首都ワルシャワに多くいて、駅構内では物盗りが頻発し、くれぐれも注意するよう、旅行代理店の方にいわれていた。電車でトルンに向かう車窓からは巨大な落書きがいくつも見えて、国が荒れていることを肌で感じた。

しかし、体験地・トルンは、いたってのんびりとしたのどかな町で、首都ワルシャワの荒んだ様子など少しもなく、どちらかといえば地方都市の豊かささえ感じられた。

さらに、町の豊かさと同様、ホストファミリーのソラル家は、日本と比べてもより経済的な余裕を持つ家庭であった。それは暮らしの中のいたるところに見受けられた。

一つに、私が驚いたのが、家事外注であった。ホストマザーのエラはとても忙しい人であったが、かといって時間的余裕が全くないために外注している、というのではなさそうだった。経済的なゆとりだ。昔のメイドがいた暮らし、それを現在も続けている、といった様子なのである。

日本においても、地方都市などは、近年（高度経済成長期前）まで、〝ねえや〟や〝女中さん〟と呼ばれる家事を担う人が家にいた。その人たちを雇える家庭は、当時において経済的ゆとりのある家であった。友人の家にいたねえやは、家事全般と子どもの世話をしていたと記憶している。

それを、ここポーランドで思い出した。それまでの暮らし体験では、メイド、いや家事外注（アイルランドとオランダでは学生がアルバイトをしていたが）をしている家庭はなかった。

考えてみると、日本も豊かな頃には、お手伝いが家にいた暮らしが確実にあった。失業率が高いといわれるポーランドだが、日本のサラリーマンの共働き家庭と比べても、まだまだ豊かなのかもしれないなと思う。

そこで、「家事外注」について考えてみた。

家事は煩雑な作業の連続、と幸田文さんは祖母が伝えた家事論を次のように記す。

「家事というものは行く河の流れと同じで、絶え間なく続き続き、渋滞すればたちまち膨張氾濫するから、何事をおいても先ずこれを一埒《いちらつ》さっとかたづける。果て知らずという性質をもったのが家事だから、われからくぎって規《き》矩《く》にはめなくてはならぬ」

規矩とは、規則、つまりルールと私は考えている。ルールがなければ家事は膨張・氾濫し、やがて停滞して動かなくなる。うまく動かすためにルールを設ける必要があり、その一手が外注だ。

しかし、**家事を人の手に任せるなんて……と躊躇する声は根強い。なぜ、人の手に任せてはいけないのか？**　今や共働き家庭では、夫婦で家事を分担したとしても、膨張・氾濫をきたす時代だ。外注を大いに利用すべきなのではないか。

その上、これからは少子高齢化がますます加速していく。それにともない、家庭で家事を動かす人手も薄くなる一方だ。とすれば、外注を選ぶのは理にもかなっている。

最近友人に聞くところでは、ドイツでも若い人たちは、外注（特に掃除は自分がすることではないという）が当然とのこと。そのために働いている人たちも多いそうだ。

日本人は「家事は無償」との考えが根強く、根深い。無償がゆえの担い手の体力的、心理的な負担などについては議論されていない。なぜ無償でもいいのか、私には理解できない。もちろん、担い手への時間的考慮さえもない。「家事は有償」。この考えがなければ、その担い手など出てくるはずもない。ここらで、そろそろ「家事は無償」という考えを、私たちはサラリと拭い去れないものだろうか。

先輩たちを観察し、年をとるにつれ、これまでできていた家事が体力的に無理になるのも事実だと実感している。

私は80歳になる頃には、家事外注という選択を考えたいと思っている。残りの人生を目いっぱい楽しみ、悔いなく生き抜くために、「家事は有償」、外注大いにあり、と考えている。いかがだろうか。

「時間遣い」を有効に

時間は無限ではない、とわかってはいる。それなのに、一日24時間を「まるまる全部遣える」「かなり長い時間である」と思い込んでいる。しかし、**本当に24時間は長く、持て余すような時間だといえるのだろうか。**

そもそも、60代からは人生下り坂である。この下り、一日が経過するスピードがとにかく速まっているように感じる。若いときは時間の経過はゆるやかだったと思う。出社してひと仕事終えてもまだ昼前、なんてことをよく感じていた。

ところが、**60代も半ばを過ぎた頃から、一日が過ぎるスピードが速まっている。それなのに、暮らしは今までと同じ仕組みで動かそうとしているのだ。**これではうまくまわらないことも多くなり、やり残しが出てきてしまう。はたして、これでいいのだろうか。

暮らし体験したポーランドで、「早朝から働く」「食事は分割して4回」「少しの時間でも楽しみに遣う」といった姿に触れ、24時間の有効な遣い方について考えさせられた。**時間が経つスピードがどんどん速まる下り坂ならば、なおさら有効な遣い方を見習う必要があると思う。**

これからの下り坂、下りきるまでの時間はかなり限られているはずだ。もしかしたら、それは明日かもしれない。そうでなくとも、速度は速まるばかりだ。

60代のときには、仕事して、人とおしゃべりをして、買い物をして、食事をつくって、掃除して、と、一日の中でいくつものことがまだできた。ところが70代になってくると、一日にできることが一つか、二つになった。

これまで当たり前にしてきたことも、身体の動きが鈍くなり、手順も悪くなり、歩くのまで遅くなり、はかどらない。年齢を少し数えただけなのに、急激にやれることが少なくなっている。

でも、時間は変わらず24時間。この調子では、下りきるまでにほんのわずかな時間しかない。その限られた時間内に、これから先、私はどんなことに一番時間を遣っていきたいのか、あるいはどのような楽しみに遣いたいのか、それをシッカリとわかっているのか、自問すらしてこなかった。これではいけない。**自分の中にはっきりとした答えを出し、その答えのために、時間を遣うべきだ。**もしすでに答えを持っていたとしたなら、今現在の実際の時間遣いはどうなのか、やはり自問が要る。

時間もそうだが、人生の下り坂では、体力的、記憶力的なこともまた、残りが少なくなっているように感じる。最近それに気がついた。

ある日、用足しに出た。花屋、雑貨屋、郵便局、スーパー、クリーニングの順でまわる。所要時間は約1時間。

花屋で花を発送し、雑貨屋でトイレットペーパーを購入。次は郵便局。郵便局の前で、急にペーパーを持つ手が重く感じて入り口に置いた。用を済ませて、今度はスーパーへ。

このとき、ペーパーをとり上げたはずだった。と、ここで記憶が途切れる。所要時間内に、クリーニングを受け取って帰宅。

しかし翌日、トイレットペーパーを持ち帰っていないことに気づいた。もしやスーパーでは？　と問い合わせるも、落とし物は届いていないとのこと。どこに置き忘れたのか、定かではなくなった。記憶力の低下（通常では認知症の始まりというが）が、すぐそこまできている。こうした状態は、今後確実に頻繁化していくのだろう。危ない、危ない。

とすれば、一挙に色々なことはできなくなる。本気で時間遣いについて考えねばならない、と思い知った。今以上に時間を有効に遣うとなると、これから先の暮らしの目標を明確に絞り込み、省くところは省いていく必要がある。先にも述べたが、それには、まず自問だ。

その答えだが、私の暮らしの優先順位は次のようだ。仕事、睡眠、食事、猫の世話、読書、海外暮らし体験。

自分のことは、自分自身が一番よく知っている。私は、どうもマグロのように動いていないと、頭も身体も動かなくなってしまうようだ。ひと頃、毎日が日曜日と家でゴロゴロしていたら、とたんに気持ちが落ち着かなくなり、憂鬱になった。これでは私の人生ダメになると動きに動いて、やっと仕事をみつけた。働くこと、新しいことを始めることは、私にとって必要だった。それに苦ではない。

だが、それだけになってしまうと今度は体力的に難しい。休みもほしい。楽しみの昼寝や読書、暮らし体験も必要だ。

趣味となった暮らし体験は年に1回か2年に1回、計画を立てて時間を遣うので、日々の暮らしにはそれほど影響はないが、仕事と睡眠、食事、読書、猫の世話は、日々の時間遣いに大きく関わってくる内容だ。

たとえば、仕事に8時間、睡眠に8時間、いや昼寝も加えねばならないので9時間。残り7～8時間を食べること、猫の世話、読書に遣うわけだが、それを実行するためには、まず買い物にも時間を割かなければならない。

さらに、より細かく考えていくと、日々の暮らしを動かす家事（洗濯、掃除、片づけ）、そしてさまざまな交流には、どこから時間を捻出をすればいいのだろうか。これまでも、家事は色々工夫をしてきたが、さらなる工夫と削り落としが要るということだろうか。

そこで、今一度、家事の削り落としに挑戦してみた。特に、掃除について。

・上は見ない
・ガラスは外壁
・ホコリでは死なない
・片づけ優先でモノを置かない

と万事「ほどほど」ということで。

簡単に言えば、床のホコリの除去に大型掃除機かけを1・5週に1回程度。隅や隙間のホコリは気になったら小型掃除機をかける。棚のホコリは、気づいたらブラシかけ、とまあ、このようにほどほど。これ以外には気がついても見て見ぬふりで、ホコリ対策はまあまあとしよう。だが、水垢と油汚れはそう簡単にはいかないはず。

これらもほどほどにしたいのだが、汚れがハッキリ、クッキリ目立つので、ほどほどの程度が難しい。

それでも、ほどほどを目指し、水垢はちょこちょこ拭き上げることにしてみた。すると、あまり目立たなくなった。これはいいと、ちょこちょこ拭き上げて、水垢対策もほどほどだ。

問題は油汚れ。これは、料理の回数と比例するし、キッチンや換気扇の構造も関わってくる。

料理の回数は減らしているつもりだが、私の優先順位では食べることも、とても重要。常にコンビニ食にはしたくないし、旬のものも味わいたいので、ガツンとは削りたくない。それで油ものを極力控え、煮炊き中心の献立に切り替え、夏に浸け置きをして油を落とすというやり方でほどほどにおさめた。

換気扇掃除なんて年1回だから簡単かと思っていたら、温暖化の影響か最近の夏の暑さは半端ではなく、ここ1年はファン掃除まで行きつかずに、パネル掃除だけで終了となっている。これは本当の油汚れの掃除ではない。だが、ほどほどでよいと、納得している。

家事の削り落としをすると、時間遣いの幅がぐんと広がる。

洗濯も同様に、たまったら洗濯機をまわし、乾燥は室内干しで最低限に。ブラウスなどのアイロンも、干し方を工夫してアイロンいらずに。大物のシーツや毛布はクリーニングに出して、布団は年1回丸洗い、などと削り落としている。

片づけについても、要・不要をハッキリさせると、意外なほど簡単に片づけられる。**要・不要の私の基準は、〝手元に置きたいかどうか〟だけだ。**残しておきたい、残したくないをハッキリさせる。これに尽きる。モノが手元にきた経緯はさまざまで、そこへの思いも当然ある。だが、これからの下り坂が尽きるまで手元に置くべきかどうかが重要だ。

若い時代は過ぎた。70代後半なのだ。この年代にはこの年代の、残すべきものがあるはず。時は移り動いている。立ち止まらずに、片づけるモノは始末して、片づける時間もどんどん少なくしていかねばならない。

持ちモノについては、フィンランドの「暮らしの持ちモノ整理を考える」（144ページ）で。

時間遣いについては、ポーランド暮らし体験でいろいろと気づかされ、すでに見直して実行したこともあるが、これから実行しなければならないことも多く、改めて考えている。

「豊かさを目指す暮らしのリビングは、とても広々としている」

「トルン近郊に建設された、ヘルスセンター。気持ちのいい環境」

「パラソルを並べて花を売る、
トルンの露店販売の人たち」

「トルンの町中を流れる川」

「一心に食事の準備をするエラ。無駄な時間遣いをしない達人だ」

3か国目

フィンランド――ナチュラルに暮らす

緑のフィンランド

初めてフィンランドを旅したのは、仕事で掃除道具を探しに、仕事仲間と出かけたときだった。そのときのフィンランド旅がとても楽しかった。

首都ヘルシンキは清々しく、私の気に入りの街となった。魚中心の食生活（もちろん肉も食べるが）、ゆったりとした人々の暮らしのリズムや雰囲気、広々とした街並み、船で行くレストランなど、私にとってすべてがほどよい感じで、初めて行ったのに一度で好きな国になった。

フィンランドに暮らし体験したい！

このフィンランドの仕事旅で、人形作家のリサ・テッカさんに会った。フィンランドではちょっと名の知れた人形作家だ。

主に、クリスマスのサンタクロース人形を手がけていて、当時、日本でもクリスマスを祝うイベントが盛んになり始め、家庭用のサンタクロース人形が求められるようになっていた頃だ。

初対面のとき、私はリサにぎょっとした。年齢を聞けば、実は当時58歳だった私より若かったのだが、その容姿からは、ずっと年を重ねたように見受けられた。理由は、長い白髪。真っ白な髪が、ともすると、苦労を重ねたように見受けられる。

白髪はキチンと束ねられず、はみ出した髪の毛が幾本も顔にかかり、この世のものとは思えぬ雰囲気を醸していた。また他人様の顔などとやかくはいえないのだが、幾筋も刻まれたシワが、年齢を超えた姿を深く印象づけてしまっていた。さらに、お召し物についても、袖口が広がったようなセーターをゾロリと着て、そこに裾長スカート、この装いが彼女をより現世を離れた何かへと近づけていた。

昨今では、日本でも普段着と思しき装いで、平然と人前に出ることが普通になったようだが、私の感覚からすれば、仕事の方にお目にかかるのだから、ピシッとした装いでというのが、当たり前と思う。面会相手は遠方よりの日本人だ。当然、フィンランド人も同じ考えかと想像していたので、ぎょっとしたというわけだ。

リサにぎょっとしたのも束の間、「フィンランドに暮らし体験をしたい！」と私は申し出ていた。リサは、その願いを快く引き受けてくれた、とても気持ちのいい方であった。

このような縁で私は、緑のゆったりと心地よい国、フィンランドのリサの家で体験ができることになったのだ。

小学校を家に

リサは、娘と一緒に空港まで迎えにきてくれた。娘エリアは、やや丸顔、ふっくらとして背が高く、丸メガネをかけた可愛らしいお嬢さんだ。ふたり並ぶと、リサがお婆さんに思える。

このとき、ようやくリサの姿には、仕事や暮らしといった環境が大きく影響しているらしい、とわかった。初めて出会ったヘルシンキの喫茶店では、リサの住まいはヘルシンキと思っていたが、実は違っていた。

住まいはヘルシンキから車で1時間ほどの、「インゲルマニンキュラ」という舌を噛みそうな名の小さな村に2年前に引っ越し、娘エリアと暮らしているという。リサにはもうひとりマリアという娘がいる。

リサの話では、それまで住んでいたヘルシンキでは、建物の角を見ると、なぜかとても頭が痛くなったそうだ。だから建物の多いヘルシンキでは、毎日体調が悪かったという。それで郊外移転を決行したというわけだ。

私から見ると、フィンランドの首都・ヘルシンキは、東京と比べれば相当に郊外といった感じがあるのに、それでも住めないのか？　と、不思議に思った。同時に、リサはアジア、特に東京では絶対に住めないな、と勝手に想像した。

そんな話を聞きながら車窓を眺めると、ヘルシンキからほんの20分ほど離れただけなのに、林と草原だけが延々と続いていた。時折、ポツン、ポツンと家が建つ。ゆったりとしていると思ったヘルシンキよりも、もっとの～んびりとした緑の大地が、延々と広がっていた。

それもそのはず。日本と同じ国土面積なのに、人口はたったの530万人。日本は1億2000万人。広い緑の大地に、人が悠々と住み、暮らしているわけだ。目の前の景色がそれを教えてくれた。

夕方になって、リサの家に到着。暮れかかっていたこともあり、リサの家がとても立派な城に見えた。

ここまで車窓から見えていた家は、こじんまりとかわいい木造家屋の家だったが、リサの家はスケールが違っている。景色の中で見た家の10倍はあろうかと思えるほどの大きさで、聳え立っている。

それに木造ではなく、鉄筋である。家というより、ビルディング、マンションといったほうが正しい。それもそのはず、ここは4階建ての元小学校だったそうだ。半分を住まいに改装していた。そう、家ごとリユースなのだ。

話は大きく飛んでしまうが、前に暮らし体験したスイスのホストファミリーの友人も、小学校を改装して暮らしていた。その家を訪問したときのことを思い出す。

スイスの小学校は小さくて、可愛らしかった。夫婦ふたりの家としては、大きさもちょうどよかった。しかも、住む人の改装への思いや感性が、隅々まで行き渡っていた。極めつけは、そこから見える景色。絶景のアルプス眺望。素晴らしい家だった。

住む人の気持ちやセンス次第で心地のよい家が手に入れられるとしたら、しかも小学校がリユースできるなら、郊外暮らしもいいなぁ～と、スイスでの暮らし体験で思ったものだった。

リサの小学校をリユースした住まいも、中は外観と違い、人形作家らしいシンプルでつつましい住まいだ。

4階建ての1階は改装中部分で浴室とサウナがある。2階が娘エリアの部屋と元夫の部屋、それと洗濯場、人形の生地を扱うところ。3階がリサの部屋と仕事場、ダイニング、キッチンとつながっている。各階には、トイレと洗面所が備えられている。半分を住まい、残り半分は店舗にしたいと、リサは構想中だった。

つくづくリサらしいと思ったことがある。それは、小学校だったときの壁紙の始末だ。はがした後の始末をしていなかった。はがしたそのままで住んでいた。

予算の都合でそこまで行き届かなかったようなのだが、それでも違和感がほとんどない。引っ越してわずか2年なのに、昔からここに住んでいたような雰囲気が出ていた。

ただ、ところどころよく見れば、クローゼットやキッチンカウンターのとりつけ、浴室床の始末、ドアの開閉具合など、いろいろ不備はある。が、広々とした空間は、何よりも、気持ちをゆったりと心地よくさせてくれた。

そうそういい忘れたが、リサの家にはもうひとり同居人がいた。メス猫のティッピー。黒の濃い、キジ猫。おっとりとして賢そうだ。私にとって、猫が同居する暮らし体験は大歓迎。猫はいつも話し相手になってくれるからだ。言葉が通じないときのなぐさめともなり、ありがたい存在。

到着後、エリアの手づくりパン、チーズ、ハム、キュウリ、トマト、コーヒーの夕食をとった。

村の環境担当が家に来たぁ～

早めに目が覚めたので、家のまわりを散策してみる。近所に家はなく、あるのは宿舎らしき建物のみ。草原、また草原が広がり、近くに小さな湖がある。草原には5匹の羊が草を食んでいるだけ。

これは、相当歩かないと隣家にたどり着けないと、途中で引き返した。ビルディングの多いヘルシンキとは、確実に違っていた。でも私には、車がないと隣人に出会えないほどの緑の大地は、ちょっぴりつまらない。適当にビルや家があり、店もありといった街のほうが楽しい。閑散とした草原だけの風景は、人の温もりを感じづらい。人好きの私としては、歩いて近所のパン屋に行き、朝カフェを飲むくらいは欲しいところだが……。

近所には、もちろんカフェなどなく、そのまま帰った。朝食にはシリアルとヨーグルト（これもエリアの手づくり）とコーヒーが出た。

午前中に、村の環境担当者の40代の男性が家に来て、村の排水の仕組み、エネルギーのことなど熱心に説明してくれた。役場の担当者が家まで来てくれるとは、本当に仕事熱心だと感心する。

その後、彼は自分の車で、給水場、排水場、ヒーティングシステム、リサイクル場といった環境施設を案内してくれ、その場でも、リサや私の質問に丁寧に答えてくれた。小さな村だからか、とても親切な対応に、私は感激することしきりであった。

リサの家では、これまで電気ヒーターを使用していたが、グリーンエネルギーを考えガスに切り替えたという。現在、この国のエネルギー源は水力、風力、ガスと石油、原子力だが、将来は木材システムで賄っていく構想があるという。素晴らしい！

やはり、フィンランドは進歩的だ。環境について、市民（リサのようにエネルギー転換をする）もそうだが、役場の担当者が把握している情報、知識が深く、打てば響くように疑問に答えてくれて気持ちがいい。担当者はこうでなくちゃ。上機嫌で施設を後にした。

やりくり上手のエリア

ランチは、ミートボール（フライパンのままで出た）、サラダ、マッシュポテト、パン。これも当たり前のように、エリアの手づくりだ。

そして、残りものの惣菜をどうするのか見ていると、本日のメイン料理のミートボールは、日付を記入して冷凍庫へ。これを1カ月以内に食べきるという。このように、**惣菜の残り物はすべて冷凍庫に入れ**、**残さずに食べきっている。残ったものを冷蔵庫に入れることはしない**。**保存期間が短く、食べきる前に腐らせたり、忘れたりで無駄が多いからだという**。賢い。

私などは、全部食べきれる、と予想して冷蔵庫にしまうが、ついつい、いろいろ予定が狂い、ダメにして無駄にすることが多い。反省。

リサたちの暮らしには、食べられるものを捨てる、容器や包装のゴミを増やす、水を汚すといった、環境に負荷をかけるような動きが本当に少ない。

何でも手づくりしていること自体そうだ。見習わねばならないなぁと思う。

その日は、食器の洗い方に興味を持った。リサのところには食洗機はない。ふたりとも手で食器を洗う。その方法がふたりで違うのだ。

エリアは、スポンジに直接洗剤をつけて洗う。リサは、洗い桶にお湯を入れ、そこに洗剤を入れて洗剤液をつくり、この中で洗っていく。汚れの落ちにくい食器はしばらく浸けておく。擦るときに使うのはキッチンブラシだ。

このように面白かったのが、洗剤の使い方の違い。エリアは直接、リサは薄める。この違いはどうしてか？　年代によるのか、あるいは環境配慮への意識によるのか、または、経済的なことを負担し把握しているかによるのか、興味深かった。エリアもいずれ薄めて使うことになるのかもしれない。

気になることがもう一つある。リサの装いは、毎日同じセーター なのだ。下はズボンかスカート。このスタイルが続いている。それに、洗濯場はどこにあるのか？

気になることを書き留める、寝る前のメモ書きをしていたら、あっという間に10時を過ぎる。でも外はまだ明るい。

初、家庭サウナ

朝食の後、近くの街・ポルヴォーまで散策に出かける。フィンランドではかなり知られた場所。車で30分ほどで行けた。フィンランドの6つの中世都市の一つで、ポルヴォー川近くにあった要塞に由来しているようだ。

この街は、私がイギリスの暮らし体験で連れていってもらった、エミリー・ブロンテが暮らし、小説『嵐が丘』を書いたという街、ハワースにとてもよく似ていた。

かわいらしい店が軒を連ね、オーガニック、木製、ハンドメイド、シンプルと、特徴的な店が揃い、いつまで眺めても飽きることがない。思わず、一つの店でジュート素材の床ブラシを手にし、そのまま購入してしまった。

丘の上の教会とギャラリーにも行ってみたが、小さな建物で、これまでの教会にあるような格式や威厳が強調されすぎず、スペースとしてもほどよくて、心地よい空間だった。

街を楽しんで帰り着くと、リサのもうひとりの娘、マリアが来ていた。マリアも、どちらかというとふっくらタイプだが、エリアよりは細身。髪はブロンドで、ややショートタイプの髪型が働く女性をイメージさせ、キッパリした性格のようだ。

夕食はマリアも加わって、4人で囲んだ。メニューはスモークのサーモンとマス、チーズ、ハム、サラダ、ジャガイモ、パン。美味しいので、おかわりをする。

そういえば、リサの元夫は、どうしているのだろう？　離婚した後も、同じ屋根の下に暮らしていると聞いている。娘であるマリアが来ているが、一緒に食事をしないのだろうか？　別れたとはいえ、屋根は一緒。でも干渉せず。サッパリ、キッパリ。これがいいと思った。

この日、初めてサウナを体験した。浴室は4〜3畳くらいの広さがあり、狭苦しさは感じられない。内側全体は木製で、床から段差があり、腰かけられるようになっている。浴室を温めてここに座り、ゆっくりと汗を流すのだ。流れた汗は備えつけのシャワーで洗い流し、また再びゆっくり汗を、というのがサウナのルーティーン。

何せ、初体験でひとりサウナだから、誰かに教えてもらうこともなく、のんびりしていた。これなら、本や新聞を持って入っても、長い間ゆっくりとできる。

汗が身体の内側から、老廃物を押し出すように、タラリ、タラリと流れ出ていく。身体の芯までスッキリとして心地よい。お風呂に入って、お湯をジャボジャボ使わなくても、身体の内側の汚れが流れ出ていくようだ。自宅サウナは夏でも冬でも利用できて、体調管理には欠かせないのだろう。

日々はカラスの行水で、あわただしくシャワーをするだけの私にとって、サウナは心地よく汗を流せて、身体の内側から毒素を十分に出し切った心持ちだった。

もし、窓があってここからオーロラなど眺めることができたら、最高！フィンランド万歳！となっただろう。サウナのおかげで、さらにぐっすりと睡眠がとれた。

自然体で暮らすポリの友人宅へ

この日は、ポリの友人マイヤー家に暮らし体験をさせてもらう。一日中、延々と車での長旅だ。

朝出発して、夕方ようやく、友人マイヤー家に到着。マイヤー家の元当主はフィンランド有数の土地所有者のひとりで、ヴァルドルフ・フィンランド学校（後述）ゆかりの人だ。リサの友人マイヤーは、その娘で、世界遺産近郊の街ポリに住む。

到着したのはポリ近郊。ここの敷地には、マイヤー夫婦が母屋に、長男・次女のそれぞれの家族は母屋を挟んだ2棟で暮らしている。マイヤー夫婦は、普段はポリの集合住宅暮らしで、ここは夏だけ使っている。

夏・冬で別の暮らしとは、何とも庶民感覚の域を超えている。さらに、この広大な敷地内には、馬、ウサギ、鶏などの動物が一緒に住んでいる。競技場かと間違うような馬場では、馬3頭がのんびりと草を食み、まるで北海道にいるような錯覚を覚える。

マイヤーは、色白で細面、ふんわりとカールしたシルバーグレーの髪が優しく穏やかそうな印象で、落ち着いた物腰だ。

この母屋は1878年築だそう。とても古い。住居材料や工法も、今とは桁違い。住居人と同様に、とても風情ある建築。

マイヤー曰く、「冬のフィンランドはとても寒く、この古い家での越冬は、私たちには無理なの」だそう。そういえば、出発準備のときエリアが「あの家は寒いから冬のセーターを持って！」とセーターを貸してくれたことを思い出した。夏なのになぜ冬もののセーターがいるのか？と不思議だったが、夏でも冬のセーターがいるほどだとしたら、冬暮らしは相当厳しいことが想像できる。古い家の寒さは並大抵ではない。長男、次女の家族はまだ若く、住む家も新しいからいいだろう。でも、母屋はとても古い。フィンランド生まれのエリアでも寒いという。寒がりの私にすれば、冬などとても耐えられるものではない。

寒さを別にすれば、古き良き住居には不思議な趣があった。印象的だったのは、玄関脇の狭いサンテラス。テーブルに置かれたいくつかの鉢植えに、マイヤーは水やりをした。そのシルエットがまるで絵画のようだった。サンテラスの窓の白いカーテンから柔らかく降り注ぐ光に溶け込んだマイヤーの姿は、古き家にピッタリとマッチしていて不思議な趣があり、幻のような印象を受けた。

古き家で、夏だけとはいえ動物を愛おしみながら暮らすマイヤーは、不思議なひと。それは夕食のスープで思った。夕食は、グリーンスープ、ルバブスープ、トマト、パプリカ、チーズ、パンと、至ってシンプル。

グリーンスープにゆで卵が浮かぶ。何のスープか？　見慣れないスープ、味も不思議だった。ルバブスープも珍しいが、すでにスウェーデン暮らし体験でルバブを知っていた私には、不思議な感じがしなかった。それより、グリーンスープにゆで卵、珍しい。聞けば、ゆで卵は、「グリーンとの色合いが美しいから」入れているそう。スープの謎は後で知る。

自然体の根っこ

もう一つの不思議は、このダイニングルームだ。ゆったり広々としたスペースには、10人がけの重厚なダイニングテーブルとイス、窓際に置かれたサイドテーブルや本棚の上の数鉢の植物。緑を際立たせ、薄暗い室内に注ぐカーテン越しの光に浮かんでいる。そこにいると、まるで、中世の暮らしに迷い込んだかのようだった。

室内から醸し出される雰囲気は、単に「整っている」というだけではなく、**暮らしを美しくしようとする姿勢が、私には手にとるように理解できた**。それだけではない。食事にしても美しさを求めている。そんな暮らしを営むマイヤー、いったい、どんなひと？　興味がふくらむ。

グリーンスープの謎は、食後の散歩で判明した。フィンランド犬の散歩に出かけた彼女は、道々、草を摘み始めた。何の草かと、私も摘んでみる。

「痛っ！」、棘だ。イラクサだ。この草は消化に良いのでスープにしたとマイヤーはいう。やっぱり不思議なひと。自然体での暮らしのわけを聞いてみた。

彼女はヨガの先生だ。長女をインドで失い、身体への思いを強くし、ヨガ教室に通い始めた。その後、先輩の教えもあって自然に魅かれ、暮らしにとり入れたいと考えるようになったそうだ。

話を聞き、マイヤーの暮らしの多くに自然を感じられる理由が理解できた。この家それ自体が自然体なのだ。住まいや食事の隅々に、スムーズに自然を溶け込ませている。敷地が広く、金持ちだからそのように暮らせる、というわけではなく、興味が優先し、結果的に自然体な暮らしが成り立っているというわけだ。

それも、無理をしている感じが全くない。歩く速度もゆっくり。せかせかせず、自分のペースで身体と相談しながら、良いと思える状態に整えているだけなのだ。そう、彼女にとって、自然全体が学び舎ということだったのだ。

お金がなければ、と思っていた私にはとても身が引き締まるマイヤーの暮らし方であり、生き方であった。

モノ持ち暮らしを反省

　ポリからの帰りに、気になっていることをリサに尋ねた。リサの持ちモノが限りなく少ないことだ。私には、理想的なモノの数に思えた。引っ越してまだ2年という影響はあるかもしれない。だが、ありあまる自然環境の中で暮らしているからこそ、必要以上は持つ必要はない、とも思えてくる。

　人は自然界に生きる、一種類の生き物である。それを、ここフィンランドは思い出させてくれる。自然に対して負の影響を大きくするモノは、極力避ける暮らし方だからか。リサの持ちモノを見て、私は大いに反省した。

　第一、住む家にリユースした小学校を選ぶところから驚かされたが、そこに住むにしても、私だったら内装を業者に依頼して、ほぼ完全に改装して住むだろう。リサたちは違っていた。前述したように、壁紙、その他コンセント、カーペットなど、手を加えない状態で住んでいる。

さらに、持ちモノについても驚き、大いに反省したところがある。それは衣類だ。私の場合、クローゼットからはみ出し、溢れるほどの衣類を持っている。それなのにいつも「着ていくモノがない」と、整理もせずに、新たな衣類を購入する。

しかし、リサはどうか。家でも、ポリに出かけるときでも、毎日同じ服を着ている。私には、いくら乾燥した土地であっても、毎日同じ服を着ることは考えられない。

とうとう我慢できずに、リサにクローゼットや靴箱などを見せてもらった。自分の暮らしに引き寄せ、またも反省。私たちは衣類を持ちすぎている！（商品科学研究所が調査した「生活財生態学調査」によると、私たちはひとり２００着以上所有している）

なんと！　リサの洋服は10着ちょっとだ。それと数着のコート類、ストール、肌着類。靴は10足たらず。これが、リサの全ワードローブ。ビックリだ。毎日服が同じなわけだ。それにしても、少なすぎる。

大きなリユース小学校に暮らしているのだから、モノが多くても収納場所には一向に困らない。でも、持っていない。彼女自身に自信があるのか、人は外見じゃないとの考えか、見栄など不要なのか、どれも当てはまりそうだ。

人は自然界の一部だと思って暮らしたら、きっと、着るモノなどは最低数あれば事足りるとの考えになるのかもしれない。**衣類が多ければ、それだけ手入れに時間も手間もかかる。それは家事の時間となり、誰かが時間の消費を迫られるはずだ。枚数が少なければ、その消費も少なくて済む。**

　ちなみに、リサに洗濯についても聞いてみた。ここでまた驚いた。**何と月1回だそう！**　私たちは毎日洗濯している、と話すと、「そんなに洗濯したら着るものがなくなっちゃう！」という。それもそうなのだが、月にたった1回とは、どういうことか。気候風土、習慣、時間がない、いろいろ考えられる。これは、リサだけなのかな？　それにしても、洗濯しなさすぎて、不衛生ではないのか、な？

　この疑問には、すでにポリのマイヤーが答えてくれていた。子どもがいれば洗濯回数も増えるそうだ。普通の家では、だいたい週2〜3回の洗濯であると話してくれた。ホッとする。

独立心旺盛な親子

リサとエリア親子は、人形を手づくりして、それを販売し生計を立てている。リサの人形は人物中心、エリアは動物の人形を得意としている。

仕事時間はさまざまだが、どちらも基本的には午前中が多いという。リサは、人形だけではなく、ドレスも扱っている。

リサに、仕事の技術（縫製）をどのように身につけたのか聞いてみると、マシーンを購入したとき、4～5回教えてもらい、あとは独学という。

何とたくましい！　私には想像もつかない。学校に通うか、衣類メーカーに入社して覚えるか、あるいは、有名なデザイナーの弟子になるか、などしか思いつかない。独学で、しかも人形作家で通っているのだから、すごい。

このふたりの仕事に対する力は、どこから湧いてくるのか？　その根っこは、どうも幼少期の学び場にあったようだ。それがヴァルドルフ・フィンランド学校（日本ではシュタイナー学校と呼ばれている）。

リサはヴァルドルフ卒ではないようだが、娘エリアをそこに通わせていた。自身が娘のために選んだ学校ということなのだろう。現在も、その学校の先生たちと親交がある。

学校は、人間形成においてとても大切な場所であると、大人ならわかる。娘をどのように教育するか、それは親の責任でもあるのではと、私は思う。

リサ親子はふたりとも独立心が強く、信念のような気持ちでお互いを信頼し合っている。それは、リサの考えによるところが大きい。リサを育てたフィンランドの風土なのか、リサの親の影響か、それとも教育か？

リサの考えの根っことも思える、ヴァルドルフ・フィンランド学校。そこの先生たちに会って、できることなら学校見学をしたい、と私は思った。どうも、リサも私を会わせたいと考えていたようで、私たちはその日、ヴァルドルフ・フィンランド学校へ向かった。

〝ふつうじゃない〟フィンランドの先生たち

ヘルシンキ近郊、小高い丘のような山のような場所に、その学校はそっと建っていた。

平屋の建物。寒さのきつい冬のフィンランドでも、たくさん日光をとり入れる工夫をした廊下は広い。教室も広々とし、日光が室内まで差し込むように窓が大きく、開放的だ。

日本の教室と同じように、生徒の絵画作品が壁面いっぱいに貼られていた。絵を見て気がついたのは、どの絵も個性的なタッチだということ。不思議なことに、一つとして似通った絵がなかった。

それだけ、生徒自身の個性が引き出されているということか。どんな教育をしたら、子どもたちの個性をこんなに自由に引き出せるのだろう？　生徒に直接尋ねたかったが、夕刻の教室に生徒の姿はなかった。

学校自体はさして大きくはない。だが、広大な敷地が目の前に広がっていた。夏至を祝うとき、ここで盛大な火まつりが繰り広げられるそうだ。広大なこの土地は、昔はマイヤー家（リサのポリに住む友人の父親）が所有していた。現在は、今の学校経営者である、リサの友人ティッピーの父が土地を譲り受け、学校を建てたのだそうだ。

ティッピーは小柄でシャキシャキと行動的なタイプ。彼女の父がなぜ学校を建てたのか正確なところは不明だが、彼女の話では、当時の教育者ルドルフ・シュタイナーの考えに賛同したからではないかという。

そもそも教育者ルドルフ・シュタイナーとはいかなる人物？　帰国後に調べた。

第一次大戦後の混乱期、ルドルフ・シュタイナーは、社会三層化論（精神生活には自由、経済生活には友愛、政治・法的生活には平等の、三分節化が必要で、労働者階級には精神生活が基盤であるという思想）を提唱した。

すると、ヴァルドルフ煙草工場を共同経営していた、エミール・モルトがこの考えに共鳴し、シュタイナーに工場で働く労働者の子弟のための学校設立を依頼した。

シュタイナーは、「学校はあらゆる子どもたちに対して開かれる」「男女共学」「12年の一貫教育」「子どもたちに直接関わる教師たちが学校経営の中心的役割を担い、行政や財界の影響は最小限に抑える」という四つの条件の下、ヴァルドルフ工場のある、ドイツ・シュトゥットガルトに学校を設立。ドイツ全土で注目された。

第二次大戦後、生徒の個性を重んじ、教科学習偏重を排除したシュタイナー教育は、ドイツだけではなく北欧にも伝わり、多くの学校が設立され、人々は子弟を通わせたという。

私が見学した、ヴァルドルフ・フィンランド学校も、その中の一つだったのではないか。そして設立者のティッピーの父上は、人間の内面的な力を理解し、引き出し、培うことを目指すという考えから、この学校を設立したのではないかと、私は思った。

そういえば、ティッピーをはじめ、私が話した数人の先生方は、初めから打ち解けていて、すごくオープンマインドだった。私をリサに引き合わせた人は、「リサはふつうの人だよ」といったが、思えば、彼女たちは「ふつう」とはいえない。芯がしっかりした、働く女性たちである。

日本では、「何をしたいか」で道を決めることは少ない。とりあえず大学へ行き、卒業し、会社員になり、結婚して子どもを育て、やがて孫に囲まれる。これが日本の「ふつう」だ。自分がどうしたいのかなど考えない。そんな我が国の「ふつう」とは、とても違っていた。

特にティッピーは、とても気さくな人で、暮らしを見たいといった私の希望を叶えてくれ、家中をくまなく案内してくれた。そこには、人に見られたら気絶しそうな状態が広がっていたにもかかわらず、そんなことはおかまいなし。自由に歩きまわらせてくれた。

このおおらかさ、清々しさが、教育の根本精神にあるとしたら、生徒たちはどれほど成長し、自分の内面と向き合い、精神が強くなっていくだろう、と思わせられた。

ついでに私の友人（教育者）の話も。

私たちが卒業した小・中学校も一貫教育で、先生たちは自由な教育法であったと友人はいう。たとえば、現代の学校教育にあるような、中間や期末試験などはなく、先生たちの裁量に任せて行われていた。つまり、勉強は自己責任だった。

ふり返れば、私たちは、義務教育期間中、小学校では勉強などせずに一生懸命遊び、中学期では友人関係をしっかりと築くべく、お互いの家に勉強と称して集まって、おしゃべりに明け暮れていた。

何事も、自分で判断、決断し、失敗しても責任は自分にあるとの基礎が、そのときに形成されていったのかもしれない。

それは戦後教育を担う先生方に、ヴァルドルフ学校（いいかえるとルドルフ・シュタイナー教育）の教育指針の影響が、少なからずとり入れられていたのかもしれないな、と、今さらに気づいたのである。

季節に呼応して

テッカ家の暮らし体験を終える日。リサの日常などを思い出しながら、空港へと向かった。

フィンランドの冬は、長く厳しい。そのせいか、冬は神経がたかぶるようになって、リサは早起きするそうだ。だが、日照時間の長い夏は、ゆっくりと、遅くまで寝ている。**リサの暮らしの基本は、季節との関係が密接だった。**夏は、朝一度起きても、二度眠っていることがあった。誰でも二度寝は心地よい。ふつうは季節など関係なく、起床時間は変えずに暮らしているが、リサにとって季節は暮らしのリズムに大いに関係あり、ということのようだ。だから、夏は少しルーズな暮らしになるそうだ。

朝の始動は、9時か10時すぎだろうか。朝食はパン、コーヒー（リサが好きなので欠かさない）、ハム、チーズ、シリアルとヨーグルトなど。

冷蔵庫と大きな冷凍庫があり、食べ物を無駄にしないように、多くの食品を冷凍保存している。冷蔵より冷凍活用が中心だ。冬が長く厳しいフィンランド、しかもリサの暮らす家のまわりにお店はなく、ちょっと買い物に、という具合にはいかない。その環境が、冷凍を活用させているのだと思えた。

朝食後は、仕事中心の動きだ。ＦＡＸを整理したり、人形づくりにとりかかったり。仕事以外にも、掃除をしたり、片づけをしたり、と動いている。

夏の午前中は、あっという間に過ぎる。食後は、私のために外出することが多かった。スーパー、友人宅、村の環境担当者案内でのゴミ処理場・下水処理場・リサイクル場見学、村の郵便局、ちょっと足を延ばして小観光地へと出かけていると、時間はまたたく間に過ぎる。

それにしても、**私が出会った人たちは、自然を学び舎にして暮らしていた。**それには、自然が豊かであることが大前提なのはいうまでもない。それを、このフィンランド暮らし体験で嫌というほどに教えられた。

我が国はどうか。経済発展のため、山を切り崩して、道をつくり物流促進を図り、野生動物を追い出し、木を伐り倒して、人工的に生産効率を上げ、街を巨大化して一極集中させ、これまでのわずかな自然さえどんどん失っていっている。これでは自然から暮らし方を学ぶことはむずかしい。

はたして、このままの暮らし方、生き方で本当にいいのか？　大いに考えさせられる暮らし体験であった。

暮らしの持ちモノ整理を考える

「毎日違う服を着たい」「季節によって衣類を新調したい」「冠婚葬祭時はフォーマルな装いがいい」「人に素敵と褒められたい」など、装いは、人となりを表す手軽なモノの一つだ。

装い一つで、その日の気分が変化する。だが、装いとは、いったいどういう存在なのだろうか？　フィンランドのリサ、マイヤー、ティッピーに出会い、そもそものところを考えさせられた。**装い、それは自己表現の一つではあるだろうが、それだけが自己を表現する唯一のものではない。**

高度経済成長期、私たちは自己表現を装いに求め、それが唯一の手段だとずっと思い続けてきた。だから、前述したような、毎日変える、季節で新調、冠婚葬祭ではフォーマル、との習慣がいつの間にか身についてしまった。そして、生活のなかで「衣」を取捨選択しないまま年齢だけを重ねてしまい、結果、衣類を溢れさせ、クローゼットを満杯にしてもなお、「着るモノがない」と嘆き、買い続けるのである。

先に述べたような、たとえば自分にとっての装いとは何ぞやを深く追求、考えもせず、ただ単純に、自分をより美しく、より知的に、より清潔に見せるということだけを念頭に、行き当たりばったりに衣服を増やしていくという、私の、これまでの考えや行動では、「衣類整理」などできようはずもない。

持ちモノは、衣類だけではない。それは、暮らしを快適にし、気持ちよく、心地よい環境をつくり出し、継続させるためのモノである。

それらは、自分の暮らしへの拘りとでもいおうか、どう生きるのかを、深く考えて、選びとっていく必需品であるはず。これが、衣類を初めとする〝モノ〟たちなのだと、私は改めて思う。

第一に、自分の暮らしをどう快適に、心地よく、気持ちよくしたいのかを探り、シッカリと「目指す暮らし」を選びとり、そこに当てはまる持ちモノを選んでいかなければならないはずだった。

だが、これまで、私たちはそれをしてこなかった。ただ、習慣や他人からの評価、他人との比較だけでモノをとり入れてきたにすぎない。だからこそ、モノが溢れて洪水を起こし、収拾がつかなくなってしまったのである。

衣類だけではない。暮らしの持ちモノはすべて選び抜かれなければならない。いや、それ以前に〝選ぶ暮らし〟をしなければならないのだ。

自分の感性、趣味、気持ちを大切に選んでこその暮らし。他人に左右されない「自己表現としての暮らし」を選ばなければならなかった。

こうした、一つひとつを吟味し、選び抜いた暮らしをしていれば、今ごろになって「始末できない」「モノが溢れて困った」「持ちモノがゴミ化してしまっている」と嘆くことなどなかった。もちろん、後悔することなどもないはずだ。

でも、まだ間に合う。今からでも遅くはない。リサやマイヤーのように、暮らしは選びとっていこうと思う。そしてその結果、見た目の装いだけでなく、暮らしそれ自体が自己表現になれば、いうことはないと私は考えている。

「ポリ郊外マイヤー家三世代が暮らす、緑たっぷりの住環境」

「リユースした元小学校の住まいは、剥がしかけの壁紙のまま暮らす」

「ナチュラル暮らしを実践する始末暮らし達人のエリア」

「ミニ観光でみつけた、ポルヴォーのナチュラルなお店」

「リサ（真中）、エリア（右）、マイヤー（左）と、
シックな雰囲気のレストランで」

4か国目

ノルウェー——シンプルに暮らす

初のノルウェー

北欧4か国（フィンランド、スウェーデン、ノルウェー、デンマーク）の国々は、どの国にも自然と社会的豊かさを感じる。

森や草原など緑が多い、森まですぐに足を延ばせる、海や湖が多くて近い、高層建築物が少ないので青空が広がる、都会の人口も少なく混雑がない、環境配慮が際立っている、福祉が充実している、といった、暮らしをとり巻く社会的環境が整っているからだろう。

しかし、厳しい一面も持っている。それは冬の閉ざされた気候にある。デンマークを除く3か国は、国土の3分の1を自然が支配し、冬ともなると経済活動にも不向きなことが多い。残された国土で暮らす人々は、長い厳冬下で家にこもらざるを得ない。

そのせいか、精神的にダメージを受けやすい環境となり、アルコール依存に陥る人たちも多いと聞く。

こうした気候環境からか、室内には明るい色使いが施され、照明などの灯りにも間接照明を、食卓にはロウソクやランプを灯すなど、室内を明るく演出する家庭が多く見られる。

北欧4か国のうち、暮らし体験をはたしていない国、それがノルウェー。友人の紹介で、ようやく叶えられた。

ノルウェーの首都・オスロは、オスロ湾（正式名オスロフィヨルド）の一番奥に位置した都市であった。

地図で見ると、オスロ湾はわかりづらいが、実は17kmの湾である。東京湾が50kmもあるので、それに比べると小さな湾ということになる。湾は細長くて狭く入り組んでいる。

首都の湾周辺には、小さな街が多く、そのせいで人口も多い。今回の滞在先は、湾の入り口に位置するトンスベルグ市である。

初めての観光、天候不良

　飛行機を乗り継ぎ、トンスベルグ近くの空港に到着。空港には、滞在先のホストマザー、ヒルデ・フォルスモが出迎えてくれていた。一緒に車で家へと向かう。

　毎回のことだが、欧州への到着は夜遅くなる。家に到着して、ヒルデが準備してくれていた食事を簡単に済ませ、旅の疲れですぐに眠りにつき、到着日は終了。

　翌日、ヒルデとフォルスモ家当主アンダースの母が、ノルウェーでもっとも有名という避暑地に連れていってくれた。ところが出かけてはみたものの、あいにくの雨風。嵐のような天気に遭い、優雅な避暑気分どころではなく、パンツまで雨にびっしょりと濡れてしまい、早々に引き上げた。私のノルウェー避暑地への印象は最悪なものとなった。

晴れていれば、景色抜群の場所であったことだろう。夏になるとノルウェー王室の方も来られるというから、さぞや、モナコ、フランス・ニース、イタリア・ポルトフィーノなど、避暑地で有名な場所の絶景、それがこノルウェーでも、目の前に広がっていたのかもしれない。

しかし、海は高波に荒れ狂い、色はグレーで青さはなく、風はビュービューと吹き荒れて満喫どころではなく、立っていることさえむずかしい状態だった。晴れていればな～ああ、残念！

そういえば、北欧は気候の変化が激しい。10月のノルウェーは、くるくると変化する。雨女の私が来たせいばかりではない。晴れていた、と思っても急に強風が吹いたり、雨が降ったりする。

秋の天気は、どこも一緒なのだろうか。晴れた日の海岸は気持ちがいい。気温が低めなので、風に吹かれて心地よいとはいかないが、青空に、海の青さ、目の前の壮大な景色で、気分が晴れ晴れとするはずだったが……。

雨で、着るものが3人ともグッチョリ濡れたので、一旦着替えに帰宅した。すぐにまた出かける。今度はカフェだ。ノルウェーはカフェが多い。

その日は、特別なカフェに行った。ノルウェー出身の画家ムンクゆかりのカフェ「ムンク・カフェ」だ。トンスベルグから10㎞ほどの街、オースゴールストランにある。この街は、今では観光都市の指定を受けているが、昔はオランダなどへの木材の輸出港として栄えたところだ。

画家ムンクは、1897〜1902年までの5年間、サマーハウスとしてこの街に家を購入し、イタリア、ドイツ、フランスなどを行き来して暮らしたという。その家が保存され、現在ではカフェとなっている。

その日、雨風が強かったからか、中に入るとホッとした。それは、灯りのせいもあったのだろう。ロウソクが灯されたほの暗い店内。壁にはムンクのリトグラフや絵画が飾られていて、いかにもムンク・カフェであることを強調している。アンダースの母上の話では、夏になると、カメラを持った日本人たちが多く訪れているそうだ。

席は満席状態で、親子連れ（子どもは3歳くらいか）、リタイア後の紳士ふたり連れ、数人の女性たち、夫婦連れなどと、客層もさまざまだ。

年齢を重ねた客たちは、私たちが入ってから立ち去るまで、ずっとおしゃべりをしていた。カフェがお付き合いの場所なのだろう。日常の暮らしにカフェが溶け込んでいる感じがした。ブルーのテーブルクロス、白い食器、ロウソクの灯り、これらが日常にあったら長居したくなるのは当たり前だろう。

私は、コーヒーにアップルパイのアイスクリーム添えを頂く。お皿いっぱいのアップルパイだが、フワッとして甘さ控えめ。アイスもほどよく、コーヒーを2杯もおかわりした。

カフェをたっぷりと堪能し、家へと帰る。

フォルスモ家は、トンスベルグ市中心からバスで20分ほどの洒落た住宅街にある。家から歩くとすぐに砂浜が広がる海岸がある。お洒落な一軒家。1階は、玄関、リビング、ダイニング、キッチン、ゲスト用トイレとシャワー、洗濯場とライフラインと食品貯蔵スペース。2階はふたりの子どもそれぞれの部屋、夫婦の部屋、洗濯とパソコンのユーティリティのスペース。

滞在中、私は上の子マリンの部屋を使用していたので、彼女はユーティリティスペースのソファ兼ベッドが居場所になっていた。それでもゆったりとしているので、洗濯物もラクに干せていた。

フォルスモ家の人々

遠征旅行に出かけていた下の子カーヤと付き添いの当主アンダースが帰ってきて、フォルスモ家の人たちが全員揃った。

改めて紹介すると――40代の夫婦・アンダースとヒルデ、そして女の子ふたり・高校生マリンと中学生のカーヤ、真っ黒なラブラドール・レトリバー1匹。

アンダースとヒルデはともに看護師。お互いオスロの看護学校出身。そこでふたりは出会った。結婚当初はオスロに住んでいたが、こちらに移り住んで12年になる。近所にはアンダースの両親が暮らし、何かと心強いそうだ。

アンダースは、トンスベルグのメンタル病院に勤務している。私がノルウェーに到着したとき、彼は留守。中学校のサッカーチームに所属するカーヤがドイツで試合に出場するので、一緒に付き添って遠征していたのだ。到着2日後の夜、カーヤと一緒に遠征から帰ってきた。足裏を虫に刺され、相当悪化させて。

彼の仕事内容や勤務時間については、詳しく聞かないままにしてしまった。ただ、日々の暮らしぶりから想像して、私の滞在中は、足の病気で休んでいたのだと思う。

本人はスリムで、スポーツマンらしい体型。マラソンが得意だという。そういえば、その時東京マラソンに出場したいと話していた。毎年開催しているから、いつでもいらっしゃいなどと話した記憶がある。私はスポーツには興味がないので、いい加減に聞き流していたが。

アンダースに比べると、ヒルデはややふっくらしている。穏やかそうな感じだ。かといって引っ込み思案ではない。お酒の話になったとき、「ノルウェーの女性はワインを飲むが、私はビール党だ」とキッパリしていた。

調理中に、野菜などの食材やつくった惣菜が余ったとき、どうする？　との話題になった。ヒルデは、「どうしていいかわからない」という。そのとき、私が料理したポテトコロッケ、トンカツなどの揚げものは冷凍すると楽ちん、と話したが、「むずかしい」といわれてしまった。

忙しいから無理もない。日本人も同じだといったが、冷蔵庫を開けて仰天した。白菜、キャベツ、人参、キュウリなどの残骸を発見！　私は、「これではいかん！　食品ロスだ！」と叫んでいた。

聞けば、ヒルデは月曜から金曜、朝7時半～午後3時半の勤務。12年間の病院勤めの後、現在は、妊婦や幼児の健康相談の仕事をしているという。毎日フル稼働しているので、金曜の夜が一番ほっとできるそうだ。キッチリ8時間働いていれば、毎日疲れて、残飯整理や冷蔵庫整理どころではないことも、一緒にいてわかってきた。

だから、土曜にはリフレッシュで砂浜を散歩し、友人のところにちょっと立ち寄り、30分ほど息抜きのおしゃべりをする。また、ときどきジムにも行っているから、身体を動かして、気持ちも身体もリフレッシュさせているのだろう。仕事が朝早く、7時前にはキッチリ家を出るので、帰宅後の時間を有効に活用しているようだ。

ヒルデは仕事を持つ妻であり、母。ノルウェーの女性にかぎらず、北欧の女性はほとんど仕事を持ち、子育てもしている。子育ての公的支援も充実しているし、育休もある。

しかも、夫の協力が大きい。アンダースが育休をとったかどうか聞きそびれたが、あの日常の協力ぶり、たとえばスーパーへの買い出し、料理の後始末などを身近で見ていると、多分育休もとったであろうと思われる。夫も働いているが、それはお互い様という感じがした。家族全員が協力している姿があった。

60～70代の私たち世代の暮らし体験では見られなかった姿である。40代という若い年代の家族像、これからの家族は、こんな風になるのだろう、と私の目には映っていた。

フォルスモ家の娘ふたり、マリンとカーヤは、母親似のふっくらとしたスタイルで色白。ふたりとも何をするにもキビキビとした動作で、若さ溢れる感じだ。

マリンは、学校のあいまをぬってバイトに精を出し、大学への資金づくりをしている。どんなバイトかまでは聞かなかった。バイトの時間によっては夜8時半すぎに帰ってきて、それから自分で冷蔵庫を開け、何か残り物があればそれを夕飯にしているときもあった。独立心が強く、ほとんどのことを自分で決めているようだ。私は1週間フォルスモ家に滞在していたが、マリンに会ったのは数回程度。

一番顔を会わせていたのは、ヒルデと犬。アンダースも、遠征に出ていたし、その後は、遠征中に虫に刺されて悪化した足の治療に、1泊で病院へ行ったし、毎日家にいたのがヒルデと犬だった。

下の娘カーヤは中学生だから、日々学校に通い、学校のサッカーチームに所属し、授業後も練習。マリンと同じように夕飯時に数回会った程度だ。

土・日は基本休日だが、マリンはバイト、カーヤはサッカーと、ふたりとも忙しい。最初に顔を会わせたとき、そこにはマリンはいなかった。

トンスベルグのスーパー

日常の食生活に欠かせないスーパー。日々世話になった。家からスーパーまでは歩くと15分ほどで、結構大きい店舗だ。

家族は車もあるが、日常の通勤・通学にはそれぞれ自転車を使う。そのため、機動性がよいので、ちょっと買い忘れたものがあっても自転車でひと走り、といった感じ。みんな身軽だ。

スーパーの景色――野菜売り場は欧州での見慣れた光景。計り売りの機械に好きな量を載せて計ると、金額が明記されたレシートが出てくる。

この方式は、北欧、オランダ、ドイツ、イタリアなどのスーパーで多く見かける。日本のように袋詰めされず、自分の好きな量、本数が求められる。トマトは1個からでもいい。私は便利だと思っているが、面倒と思う人もいるかもしれない。

ここノルウェーで初めて目にしたのが、パン売り場でのパンカット機。これは、どこの国でも見たことがなかった。食パンを好きな枚数にカットできるのだ。自分でパンをカットしようとするとギザギザになる。カットしてもらうのに、手間も、人手もかかる。日本のパン屋にも機械が備えてあれば便利だ。人の手もかからず合理的。賢い方法だと思う。

ノルウェーも人手が足りないのだろうか。トンスベルグのスーパーではパンは塊で販売されていたから、機械を導入して人手不足を解消しようというのか、その辺は不明だが、ロボットよりこうした機械を開発する努力をしたほうが、簡単に人手不足も補えるのではないだろうか。たとえば、牡蛎《かき》の殻むき機、マグロ解体機、牛や豚解体機などと思ったが、いや、短絡的か。

それにしても、北欧に限らず、欧州では肉の種類の多さに驚く。肉料理が中心ということなのか？　ここのスーパーでは、ベーコンの種類が多くて迷った。その割に、スモークベーコンがなかったのが不思議だったが。

すべての料金が1kg単位だったことにもビックリ。普通、日本では100g単位ではないのか、どれほど頻繁にベーコン料理をするのだろうか？　帰

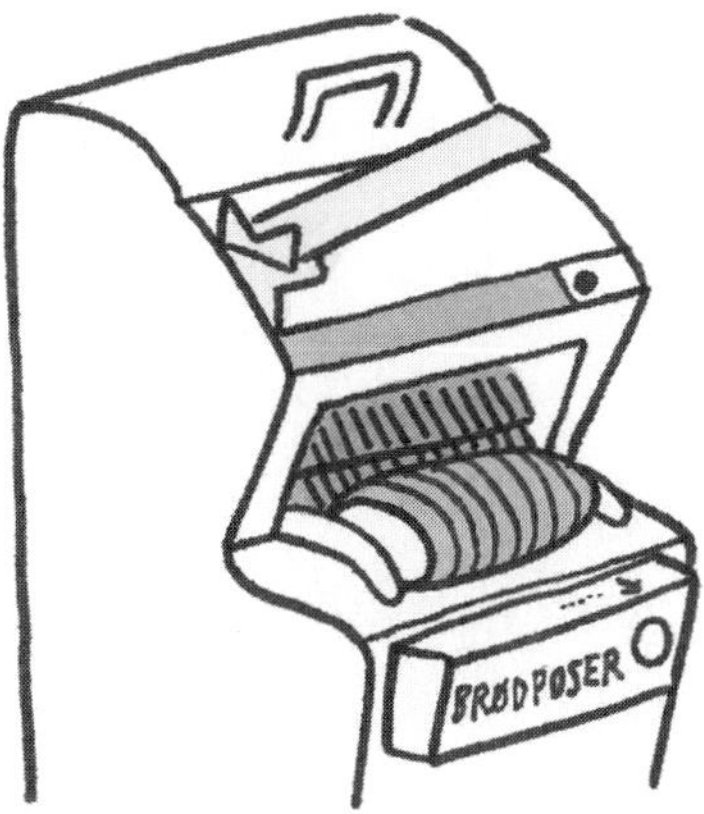
BRØDPOSER

国後、友人に聞いてみたところ、結構色々あるらしい。
ベーコンの中でも、塩豚と呼ばれるハムは、ヨーロッパ全般で有名だ。すでに味がついた豚肉の塊（大きさは色々）のことで、肉店、スーパーなどで販売している。私も、デンマークへ行った際にスーパーで購入したことがある。塩豚は使い勝手がよく、重宝するので、日本にもあればと思うが……。

以下、友人から聞いたベーコン（塩豚も含めて）料理の一部を紹介する。

・塩豚とレッドビーンズの煮込み――甘酢で煮たレッドビーンズに焼いた塩豚を添えたもの。
・マカロニ煮込みダマソーセージ――マカロニの煮込んだところに、大きめのソーセージ（ダマソーセージは、ベーコンとはちょっと違うかな？）を添えたもの。
・ラッグドーナッツのカリカリベーコンと生イチゴ添え――ラッグドーナッツは、ジャガイモと小麦粉と牛乳で生地をつくり、揚げたもの。それにカリカリベーコンを添える。

・ボディクッキーのカリカリベーコン添え――ボディクッキーはジャガイモをベースに小麦粉、大麦粉、それに、玉ねぎなどを混ぜ合わせ、多分、茹でて、テニスボール状に丸めたもの。それに、カリカリベーコン、ジャム、バターを添えて（ドイツ南部のクヌーデルのようなもの。ドイツでは、それに塩豚を添える）。

・オーブン焼きダマソーセージ――ダマソーセージに切り込みを入れ、チーズをかけてオーブンで焼き、マッシュポテトを添えたもの。

・ベーコンのオニオンソース炒め――ベーコンをカリカリに焼くか、揚げるかして、それに、3種のオニオンソース（黄タマネギ、青ネギ、ネギをバターで炒めたソース）をかけ、ジャガイモを添えたもの。

などなど、多彩なベーコンを使った料理があるとのことだった。1kg単位で買うのも納得だ。

フォルスモ家で見た家族と家事

フォルスモ家は両親ともに働いている。だから4人は仲良し家族、お互い協力し合っている。たとえば、ヒルデがジムから帰ってきたとしても、夕食をつくるのは必ずしもヒルデとは限らない。ここが、私には、とても素晴らしい家族だと思えた。ヒルデがジムに行っている間、マリンの手が空いていれば、買い物に行き、夕飯準備をマリンとカーヤがしていたし、アンダースが夕方から暇なときは魚のスープをつくってくれた。家族の中で手の空いている誰かが、夕食の準備をしている。

我が国のように、母親、妻、女がつくるとは限らないのが、私には好ましく思えた。**家族の誰もが、働く、勉強する、バイトをするなどそれぞれ自由に動くためには、そのときどきで、手が空いている人が家族のために動くことが必要だ。**

MARKED

全員の手が空いているときは、全員で夕飯をつくっていた。その光景は、仲良し家族そのものであった。当然のことだが、後始末も全員でサッと食器を洗い流し、食洗機へ、ルーティーンよろしく、サッサと済ませ、後のくつろぎの時間を大切にして、テレビでのサッカー観戦などを楽しんでいた。

両親ともに仕事を持っていると、家族が協力しなければ暮らしはうまくまわらない。子どもだからと、勉強だけをしていればいいのではなく、家の手伝いから始まって、たとえばゴミ出し、掃除などの家事をするようになっていく。これが、ひとり立ちしたとき、あるいは結婚して家庭を持ったとき、大いに役立っていくのだなあ〜と実感した。

この日、マリンとカーヤが夕飯の準備をしているときに、ヒルデはサッと洗濯をして、2階のユーティリティスペースで室内干しにしていた。夕食準備から洗濯に至るまで、全部ヒルデがひとりでしようとすると時間がかかるが、夕食準備を家族が協力してくれたら、洗濯はあっという間に終わる。

家事は、習うものでなく、教わるものでもなく、家の手伝いをしていれば自然と覚えていくものなのではないだろうか。家事嫌いが多い（私も若いときはそのひとりだった）が、やっているうちに自然に身につけてしまえば、習ったり、人に聞いたりする内容ではない。

主に北欧の若い人たちは、家事を特別視してはいない。それは、両親ともに仕事を持っていて、当たり前に子どものうちから手伝い、成長すれば、自分も一人前にこなすこと、すなわち家事は身につけることだと捉えているからではないだろうか。

我が国、いやアジアのように、男は働いて家族を養い、女は子育てや家仕事、子どもは勉強、といった役割分担をしているのではなさそうだ。アジアなどは、十分な育児、育休、教育などの公的な支援制度が充実していないから、そのようにできないのではないだろうか。

それは、公的資金がまわっていないからで、国が貧しいからだとも思える。国が十分な資金を確保していれば、福祉に支援がまわる。夫婦ふたりで働けば十分な子育てができるはずなのに、働けど子育てがままならないというのは、資金がまわっていないのだと思う。どこにいっているのだろう？

話が横道にそれた。元に戻して、フォルスモ家の家計の話を少ししたい。彼らの家は、140㎡で、購入額は日本円で約5千百万円、40代での購入だ。首都オスロから電車で1時間ちょっと。海岸沿いの一戸建て。アンダースの母上は普通クラスだというが、日本で140㎡の家を購入しようとすると、かなり都心から離れるし、首都近くでこの価格では購入できないだろう。家周辺の環境、便利さ、そして価格を考えると、ノルウェーは充実している。私の家は都心だが、70㎡弱で、3千8百万円だから、違いは歴然としている。近くに自然環境はなく、まして海などない。

ノルウェーの国自体は、人口の割に国力があるのだろうか。私をアンダースに紹介してくれた人は、彼の高校時代の友人で、ノルウェー海産物（エビやサーモン）、ミートボールやジャムなどを日本へ輸出して財力をつくり、今はポルトガルに住んでいる。こうした輸出業や観光業などが国力を維持しているということなのだろうか。フォルスモ家の家計から、いろいろと考えさせられた。同時に、老後の暮らしの違いも感じさせられた。

リタイア後のゆったり暮らし

この日は、アンダースの母上のところにランチに招かれた。近所に住むアンダースの両親はアパートに暮らす。私は、そのアパートを訪れハッキリとわかった。

3階で日当たりのよい部屋は110㎡と広く、そこに夫婦ふたり暮らし。母上は長く小学校の教師をしていて、62歳でリタイアしたという。リタイア時の年齢が、体験時の私と同じ年齢だったが、私はリタイアなんてできない。したとしても年金は5万円ちょっと。とても暮らしていけない。コツコツ働いて、年金が充実していれば、リタイアもできるが。ノルウェーの年金は、働いていたときの収入の66％が支払われるという。夫婦であれば、リタイア後は十分だ。

母上は、ゴルフ、娘家のケア、裁縫などをして日々過ごしているという。

本当に、悠々自適とはこのこと。しかも、この家のことを聞いて、さらに違いを突きつけられた。購入価格が6千8百万円だという。他に、スペインにも家を持ち、冬はそちらで暮らしているそうだ。これを優雅といわずに、何といったらいいか。体験時、私は母上がリタイアしたときの年齢で、老後の入り口だったから、つい日本と比較してしまった。日本での老後はこんな風にはいかないと、つくづく思い知らされた。

リタイア後の人々の暮らしがゆったりしていると感じたのが、カフェと図書館を訪れたときだ。

最近の日本では、ゆったりと座ってくつろぐカフェ、いわゆる喫茶店が少なくなった。ないわけではない。一杯が高い。チェーンのカフェは、価格は手ごろなのだが、ゆったりとくつろぐというより、出勤前の一杯、という感じでせわしない。

欧州はカフェが充実しているのが、コーヒー好きの私には好ましい。地下鉄に乗って首都オスロのカフェにも行き、ランチタイムを過ごし、くつろげた。銀座でカフェに入るようなものだ。

オスロへはひとり、案内もないので、食事選びは吟味しないとガッカリする。それであらかじめ調べておいた。行ったのは「カフィ・ストーヴァ」。到着の日にも行ってみたが、そのときは満席で入れなかった。仕方なく他のカフェにしたが、次の日、もう一度挑戦した。

ガイドブックには、店内はガラス張りで明るく、安くてカジュアル、料理はカフェテリア式で美味しいと書かれていた。

行ってみると、本当に、天井が高くて空間が広々。どこかなつかしい感じがあり、私好みだ。おすすめの豆入りミートボールのベリー2種添え、コーヒーを注文。ベリーが美味しい。大満足だった。

後で知ったのだが、ムンクやイプセンも通った「グランド・カフェ」がホテルの1階にあった。そこは、日本でいうなら、帝国ホテルのカフェのようなところ。ガイドブックには、夜は敷居が高いとあったので、ランチもそうかなと思い、やめたのだ。

先述したように、もう一つ、ノルウェーのリタイア後の人たちが、ゆったりと過ごしていると思うのが図書館だ。母上と行ったトンスベルグ市の図書館は、広々として明るかった。スペースも悠々。年齢のいった人たちが、新聞や本を読んだり、コーヒーを飲んだり、ふつうに話をしたりして、それぞれが思い思いにくつろいでいた。これは、うらやましいかぎり。特に、コーヒーが飲める、気兼ねなく話ができるのがいい。

日本の日比谷図書館、麻布図書館などは、書庫でコーヒーなど絶対に飲めない。話をするなどもってのほか。飲食は別の場所、話も他でしなければならない。少しでも大きい声を出そうものなら、図書館員ではなく、利用者に、「しーっ」とにらまれてしまう。図書館は、窮屈な場所なのだ。国会図書館でもそうだ。

理由はわからないが、トンスベルグでは、そんな決まりなどなくみんな話しているし、コーヒー、ジュースを飲んでいた。リタイア後にこんな図書館があったら、毎日でも通いたい。

自由な空気が充満していて、本当にうらやましい！

Tonsberg
Public
Library

フォルスモ家の家庭ゴミの出し方

毎日の食事の後片づけや、うっかり冷蔵庫に入れたまま、忘れて腐らせた野菜など、ゴミは家庭から日々排出される。それをどうしているか、アンダースとヒルデが懇切丁寧に教えてくれた。

フォルスモ家のゴミ容器は、シンク下に小さなバケツが4個。バケツの大きさはマチマチ。形や色もバラバラで揃えているわけではない。適当に掃除用に使用していたバケツのようだ。容量は4〜5ℓほど。この小ささだから、少しのゴミしか入らないようだ。

バケツの分類は——

・**プラスティック用。食品のパック、商品を入れたプラスティック袋、パッケージなどの包装といったもの。**

・紙類とその包装。たとえば、コーヒーの紙パック、使用済みキッチンペーパー、メモ用紙。紙にアルミコーティングをしていても、この紙類に入れていいそうだ。
・生ごみ。食材使用済み、惣菜の残りなど、いわゆる残飯用。
・缶、瓶。

他に、容器はないが、新聞紙、牛乳やジュースのパックは別にしている。

これら4個に分別したゴミは、さらに、住宅の敷地内のゴミ収集所にある専用器に入れる仕組みとなっている。

プラスティック類は、鍵のかかる特別な専用器に入れると、5週に1回回収される。紙ゴミは緑の専用器で、月1回の回収。新聞紙、牛乳パックなどはこの専用器に直接投入する。生ゴミは、茶色の専用器で、月1回回収となっている。4つ目のバケツの、缶や瓶はオレンジ色の専用器で、これも月1回の回収だ。

他に、缶・瓶はスーパーにも専用デポジット機が備えられているから、そこに投入してもいい。これは、器械に投入すると、容器代金が戻る仕組みになっている。

日常の暮らしから出るゴミ類は、敷地内の専用器に入れておけば、家の中にゴミの臭いが充満することもない。それに、先にも述べたが、缶や瓶などかさばるゴミは、スーパーでのデポジット機を利用して、買い物ついでに投入してもいい。

これは、欧州に行けばどの国でもある。容器の代金が戻るのは、考えられた仕組みだ。しかし、日本ではこの仕組みが少しも進まない。なぜなのか、今も、私の疑問となっている。

バスでまさかの迷子に！

フォルスモ一家は、自転車で通勤・通学している。家からトンスベルグの街までは、自転車で20分ほどの距離。歩いては行けない。

私はお客様ではないのだが、家族は、異国から来た人をどこかに連れていかなければ、と思うらしく、ヒルデ・アンダース・母上がいろいろとサポートしてくれた。でも、みんなの時間のないときは、自力で行動するしかない。母上やヒルデに、バスの利用の仕方を聞いて私も使うことにした。

バスは、東京でも利用しているから、「おちゃのこさいさい」と、タカをくくっていた。行きはよいよいだ。目的地はトンスベルグの中心地と決まっているので、間違いようもない。スイスイと街まで難なく到着。

トンスベルグの観光も、ちょっとしてみよう。トンスベルグ市は、首都オスロから、電車で1時間ちょっとのオスロ湾に面した海岸の街で、ノルウェーでは一番古い街という。

落ち着いた海沿いの街は、人口約4万人弱。「トン」は柵で囲まれた土地、「ベルグ」には山の意味がある。名前の由来は？　一番古い由来は、バイキング時代に要塞が築かれたからということだそうだ。第二次大戦後は、ノルウェーの主要港として残り、現在は、海軍の置かれるところである。

私が感じた街の印象といえば、いつでも静か。平日の街にはほとんど人影がない。メインストリートにも、歩く人はわずかだ。

でも、街の中心から海岸へと長く続く遊歩道に一歩足を踏み入れてみると、そこには多くの市民たちを見かける。トンスベルグの人たちは、街より、天気がよければ海岸の散策を楽しむことが多いようだ。オスロ湾に面しているので、海、いや海辺が暮らしの一部になっている印象を、私は抱いた。

海とともに暮らしてきた、バイキングを思い起こす。狭いオスロ湾の淵を数珠でつなぐように、人々が集まって暮らしていることも想像がつく。バイキング以来、海につながる暮らしが、現代にも脈々と息づいているのだと思う。砂浜を歩いてみると、それがよくわかる。ジョギングする、犬の散歩を

する、カメラを担いで写真撮影、家族でランチなど、浜辺を散策する市民たちに多く出会う（神奈川県の湘南海岸ほどではないが）。特に、休日ともなると、海辺は思い思いの時間を過ごしている市民でいっぱいだ。

さて、街に戻って、ヒルデおすすめリストの店を探すも、みつけられない。探すとなると、なかなかみつからないのだ。疲れはてて、お腹が減った。とりあえず、アイスクリームでひと休みする。

ランチをどうするか？　イタリアンをみつけるが、満席で入れずあきらめる。女性客の多いサンドイッチ店に入ったものの、それはサンドイッチではなく、パニーニであった。それも、かなり甘くてガックリ。せっかくの外食ランチだったのに……失敗した。

気をとりなおし、ショッピングセンターでお土産探しだ。チーズ、キャビア、サーモン。カニ缶もみつけたが、どうだろう？　と悩み、結局とりやめにする。

そろそろ帰ろうと、バスセンターに行った。が、ここで重大なことに気がついた。帰りのバスの行き先と、降りるバス停の名前を聞いていなかった！

降りたバス乗り場で、行き先を尋ねて、とにかく乗り込んだ。だが、下車するバス停がわからない。ヤモリが窓にへばりつくように、じっと車窓の景色をみつめ、見覚えのある景色が出てきたらそこで降りようと考えた。運転手さんにも住所を告げ、近くに来たら声をかけてもらうようにお願いした。

そうして降りたバス停。だが、見覚えのある景色はなく、途方に暮れる。時間は午後3時ごろだが、心細さは、夜中にバス停にぽつんと立ち尽くす感じだ。ひたすら、道行く人たち誰かれかまわずに道を聞き聞き、歩く。すると、ようやく見覚えのある景色が見えてきた。歩くこと、30分ほどだっただろうか。ホッと安堵する。

やっとの思いで家に帰り着き、ことの顛末をこと細かく説明する。みんなになぐさめられ、やれやれ。帰りのバスの行く先を聞かずに飛び出した私のうかつさが元なのに、みんな優しい。

海外での交通利用は、特にバスが危ない。あらぬ方向に乗ってしまうと大変なことになる。都会のようにタクシーなどないから、目的地に帰れないこともあったかもしれない。気をつけなければ、と肝に銘じた。

週末はランチがない？

北欧の土・日の食事はランチがない。ふだん、私はランチに重きを置いているので、それがないと、おやつ（午後3時頃）どきに、急に低血糖となり、フラフラしてくる。いつも、「昼をしっかり」これがモットー。

初めての欧州暮らし体験をしたとき、戸惑った。ランチ重視の私だったから、あるものだと思い込んでいた。ところが、いつまでたっても、ランチをつくる気配がない。午後にお腹が空きすぎた私は、ビスケット、キャンディなどで空腹をごまかした。

トンスベルグでも、土・日のランチは、基本なしだった。10時すぎに遅めの朝食か、早めのランチ（？）かをタップリと食べて外出した。行き先はムンク・カフェ。カフェで、アップルケーキのアイスクリーム添えを食べたから、午後に空腹で低血糖となることはなかった。これが土曜日。

その日の夕方は、ひと休みしてから、私が夕飯づくりをしたが、夕食時間は8時半頃と遅めにもかかわらず、アップルケーキのせいか、それとも食事づくりに集中したためか、みんな揃っての夕食まで、腹持ちは大丈夫だった。

さて、日曜日。10時すぎ、本日も、朝・昼兼用だ。コーヒーと、昨日テイクアウトしたムンク・カフェのケーキの残り。その後、浜辺散策。1時間ほど歩き、おしゃべりに花を咲かせた。

一旦家に戻り、不要な衣類を持って再び家を出た。ガソリンスタンドの救世軍容器へ持ってきた衣類を投入する。バッテリーやオイルなどは、鍵のかかる場所に入れるようだ。しばらくゴミ出しを見学する。その後は、街へ薬をとりに行き、ついでに浜辺ロードを散策した。

4時半から夕食の準備にとりかかり、5時半頃に夕食開始となる。食べ終わったのが7時ごろだから、その後はゆっくりと過ごした。

ついでに料理について話しておく。フォルスモ家では、基本は外食などしない。ほとんど家でつくって食べる。

簡単な料理だが、私をもてなすのに、日曜にヒルデはトナカイ肉の料理をしてくれた。トナカイ肉は、ノルウェーではふつうに食べるものだ。

ヒルデが料理したのは、彼女の父と兄が趣味の狩猟で仕留めて冷凍しておいたトナカイ肉。丸ごと出てきて、ビジュアルのインパクト大。実に肉々しい。初めてトナカイ料理を食べたが、とても美味しくて、大満足の夕食だった。これだけでも、ノルウェーが満喫できた。

この滞在中に食べたものは――

・チキンのトマトスープ煮、サラダ、ライス（ヒルデ）
・スクランブルエッグ（ネギ入り）、スモークサーモン、ハム、トマト、パプリカ、キュウリ、パン、コーヒー（ヒルデ）
・寿司、天ぷら（私）
・トナカイ肉のオーブン焼き（ブラウンソースとベリーソースの2種類）、アボカド・パプリカ・オニオン・トマトサラダ、ポテト、デザートはアイスクリームにベリーソース添え（ヒルデ・アンダース・マリン・カーヤ）
・ポテトグラタン、白菜とベーコンの重ね煮、キャベツとコンビーフ炒め、

サラダ（私）

・パンケーキにオニオンやコーン鶏ひき肉を巻いて食べる（ヒルデ・マリン・カーヤ）

・クラッカーにチーズ、リンゴ、ゆで卵、サーモン載せ、ナッツクリームケーキ、コーヒー（アンダース母上）

・サラダ、白菜炒め卵とじ、トンカツ、コロッケ（私）

私がつくった料理は、冷蔵庫を整理した料理。冷蔵庫に眠っていた食材をアレンジしてつくってみたというわけ。

数年後、カーヤが日本にやってきた

トンスベルグに滞在してから、数年後。大学生になったカーヤから、「友人とふたりで日本に行きたい。阿部のところに宿泊させてほしい」と連絡をもらった。

期間は1週間ほどだが、年末・年始だ。この時期、薬局の仕事が忙しく休みなどないから、新年が楽しくなるぞと、二つ返事でＯＫを出す。

クリスマスをすぎて、暮れになりあわただしくなった頃、カーヤと友人が背中に大きな荷物を担いでやってきた。

聞けば、日本を皮切りに、台湾、タイ、インドネシア、オーストラリア、ブラジル、アメリカなど数か国を、数カ月かけて民泊旅行をするのだという。その費用は、アルバイトで積み立ててきたそうだ。出発するときは、家族全員と、涙の別れをしてきたと話す。

ジワっと、トンスベルグ滞在の日々が、目の前に思い出されてきた。なつかしい。

それにしても、数カ月もの旅、大変だなと、自分の基準で思ってしまったが、彼らはまだ若く元気もある。何事も体験しなければ、世の中を知らずじまいとなる。

その選択に大いに賛成して、若いふたりを歓迎しようと、日本特有の年越し料理など出すが、ちっとも興味を示さない。それどころか、年末など忘れたかのように、自分たちの好きなピッツァ、ハンバーガー、果物などを買ってきていた。

そうか、日本独特の年越しなどしないのだなあ〜。ニューイヤーも日本でお友達になった若者と過ごすという。そうか、若者同士のほうがいいに決まっている、それに、年を越すという思いはないのかもしれない、と、結局いつものようにひとり年越しをした。

彼女たちは、日本の年末年始の行事より、原宿、新宿、渋谷、東京スカイツリー、東京タワーなど、大勢の人が出向く観光スポットに興味津々だった。原宿や渋谷、新宿は我が家から歩いても行ける場所だから、簡単に案内したら、毎日ふたりで買い物やら、観光やらに朝から夜まで出かけていた。最近は、スマホという便利機器があるから、自力で空港から到着し、私が行ったこともない東京スカイツリーへも、スマホを片手に出かけていった。私はただただ彼女らにたくましさを感じた、暮らし体験のホスト体験だった。

明日は出発という最後の夜、食べたいものを聞いたら、寿司だという。そういえば、トンスベルグでは、私の下手な寿司を食べさせた、と思い出し、ちゃんとした職人の手による寿司を奮発した。残念ながら、カーヤの友人は生ものが食べられず、肉じゃが、ポテトサラダなど我が家の惣菜をふるまったが。

また、彼女たちの「富士山を見たい」との希望を叶えるべく、富士急行に乗り、富士吉田のホテルへ。ホテルの屋上から、富士山が目の前に見えたときには、彼女たちだけでなく私も感動した。

東京タワーでは、彼女たちはてっぺんまで登って満足していたし、明治神宮のパワースポットとして知られる池や、菖蒲園なども巡り、日本にも、にぎやかな場所と静寂なところとが、混在しているのを感じてもらえたのではないか。

付き合ったのは、たった3日ほどだったが、彼女らには、日本のよい面も、嫌な面も、ノルウェーとの暮らしの違いも受けとってもらえたと思っている。

数カ月後、カーヤから無事に帰国したという連絡をもらった。次回会うときは、ますますたくましく、幅広い見識を身につけて、自立した女性に成長していることだろうと想像している。

家事手伝いを考える

親戚に、看護師で3人の子どもの母がいる。彼女に、子どもの家事手伝いについてどうしているか、何を手伝わせているかを聞いた。

返事は、「これという手伝いはさせていない。させたい気持ちはあるが、子どもたちは毎日学童や習い事に忙しく、思うようにできないことが多いから。子どもの気が向いたときに、洗濯物をたたむ、お米を研ぐ、朝ごはんの支度をしてもらう程度。夏休みに決まり事をつくったが、子どもがやりたくないとごねたりして、こちらもイライラが多くなってうまくいかなくなった」とのこと。

ノルウェーの子どもたちのように、日ごろから家事を手伝うことは、大人となり、ひとり立ちしたときに役立つのは、誰しもがわかっている。それなのに、日本の親たちは、なぜその機会を子どもに提供することができないのか？　とても疑問だ。

親戚からの返事にもあったように、「習い事・学童は人間形成に役立つが、家事は役立たない」と親自身が考えているからだろう。この考えは間違っていると私は思う。

人間形成において大切なことは、「暮らし」である。我が家の暮らしがどのように成り立ち、まわり、どのような人付き合いがあり、問題点はどこにあるのか、その解決法は何かなどを考え、暮らしを通して社会の一員であることを学び、成長していく。「暮らし」で得られるそのような機会は、社会生活の中で滅多にあるものではない。その機会を親が逃してなんとする。

子どもの成長は、「社会の一員としての学び」による成長である、といってもいいすぎではないだろう。それがなく、長じて社会人となったとき、困りごとの多いことに気がつくはずだ。そのとき気がついて改善できる、あるいは、解決できることであればまだよい。が、一朝一夕にはどうにもならないことのほうが多いだろう。

この社会は、人と人との関係で成り立っている。これを学ぶ機会は、電子機器などの物いわぬ機械が与えてくれるのではない。家事手伝いなどの「会話」が与えてくれるものだと私は考えている。買い物に行く、友達を家に招く、近所の人たちと付き合うなど、これらはすべて家事だ。**この家事からの学びを通して、人は社会の一員として成長できる。**

その点で学童保育はよい機会だと思う。だが、学童保育では宿題をする、スポーツをするなどの計画はあるが、家事手伝いといったことはあまりとり入れられていない。

ぜひ家事もとり入れ、社会の一単位である家庭を動かしている家事について、学ぶ機会を広げてほしいと、ノルウェー暮らし体験を終えて願ったことである。

「仲良し家族が協力し合ってつくる夕食の準備」

「フォルスモ家の
家庭ゴミ分別バケツ」

「悠々自適アンダース母上に招かれたランチ前のテーブル」

「トンスベルグ近郊の避暑地に行った。
が、暴風雨！晴れていたら素晴らしい景観」

「ノルウェーの首都オスロへと走る車窓からの景色」

5か国目

イタリア——フレンドリーに暮らす

大人なイタリア

フランス暮らし体験で、英語が通じることがわかった。それなら、もしかしたらイタリアも大丈夫かも……と思い立った。

これまで、イタリアへの暮らし体験をなぜしてこなかったのか、自分でも不思議だ。日本と親しい国ということもあり、日本人ならイタリア大好き！と、観光や留学をする人が多いというのに。どうしてか？　あまのじゃくな私、「人がいいよ」というものには、逆らいたかったのかも？

あまのじゃくは別なことで発揮したほうがいいし、第一、年を重ねているので、もしかしたら、もうそろそろ暮らし体験ができなくなるかもしれないから、楽しそうなイタリアは早めに行っといたほうがいいな、と出かけることにした。

港町ジェノバ

初のイタリア暮らし体験。その滞在先はジェノバ。イタリアの北に位置する港町だ。

都市名は知っていても、フィレンツェ、ナポリ、ベネツィア、ローマといった有名観光都市に比べると少し足が遠のく、といった街だ。

イタリア暮らし体験は、私にとってとても印象深いものとなった。何より、この体験を通して、世界中のさまざまな暮らしの中に、まだまだ男女の役割と、その差が存在していることを、実体験として気づかされ、痛感させられた。

初イタリア・ジェノバ暮らし体験は、私にとって衝撃的な体験であった。

イタリアで家事男子発見！

空港で、ホストファミリーのロベルト&イバナ・ポッツォーリと会い、家へと向かう。

ロベルトは、シラノ・ド・ベルジュラックをやや格好よくした姿を思わせる風貌、中肉中背のスマート紳士。

イバナは、ややふっくらとした体型で、穏やかそうな丸顔にメガネ、ふわりと耳までのブロンズシルバーヘアが、知的な感じを漂わせる婦人だ。

夫婦の職業は精神科医。家から歩いて数分の場所で開業しているという。ふたりとも、芯から親切、優しい気持ちが溢れていると私は感じた。

彼らは、ジェノバ市の中心地、丘の上にある集合住宅の一室に暮らしている。一室といっても、部屋は数室あり、他にダイニング、キッチン、浴室、家事専用の部屋まである。広々と、高台に建つ見晴らしのよい居住空間だ。

ふたりの息子はすでに独立し、別の都市に住んでいるそうだ。犬1匹が同居。夏の日差しはまだ高く、到着後イバナと近所を散歩がてら、スーパーへと向かった。

近くのスーパーは、食品の多さにも驚いたが、一番新鮮だったのは、初めて見る面白いショッピングカゴだ。カゴなのだが、手に持つのではなく、床に転がす仕組みになっている。

清潔好きな日本人が見たら、カゴを床に引きずりながら買い物をするなんて……と眉をひそめそうなのだが、カート式ではなく、ただ床に転がすという単純な発想。この方法だとカートと違い場所をとらず、動かすのも簡単なので、「とても斬新」と私は受けとった。

と、ここで、いきなり話は日本のスーパーに飛ぶ。先日、自宅近くのスーパーでのこと。80代の知り合いにばったり出会った。彼女は食品で満杯になった重い手持ちカゴを、その重さゆえに手で持つことができず、床に引きずり買い物をしていた。

私がよく行くこのスーパーには、カートがない。買い物客には年配もいるのだが、それより若い人たちのほうが圧倒的に多いから、店にはカート導入の提案もないようだ。これが日本の実情だ。

少々背骨が曲がってきた彼女の不自由な買い物姿を見て、改めて、ジェノバの床転がし式ショッピングカゴが思い出されたというわけだ。

買い物は、日常を支える大切な家事だ。だが年を重ねると、いや年だけではない、忙しく働いていれば、毎日買い物に出かけるということが時間的にむずかしく、億劫になることもある。効率よく買い物しようと思うと、回数を減らしたい。すると、1回分の量が増加する。70代はまだ体力もあるが、80代ともなると衰えが感じられるのではないだろうか。

アメリカやスペインのように、スーパー自体が広ければ、カート利用が考えられる。しかし、日本、それも都会のスーパーは、狭いスペースに建てられているので通路の幅も限られていて、カート利用など想定外なのだろう。

こんな状況での、高齢者増である。現代は、とり寄せ、通販などもあるわけだが、通販は電子機器の利用が前提だ。多くの高齢者は――私もそうだが、これまで商品を目で見て、手にとり選び、カゴに入れるスーパーの方式に慣れている。

そんな、高齢者の買い物を想定すると、イタリアのように、カゴを床転がし式にするアイディアが、必要ではないだろうか。知り合いの買い物姿に出会い、カゴ改良に思いをはせた次第だ。

ところで、イバナと一緒にスーパー見学をして帰ってくると、ロベルトが食事をつくっていた。今日は、ジェノバソース・スパゲッティ。それに、生ハムメロン、サラダ、スーパーで購入したフォカッチャ。もちろん、白ワインがついている。

何だか初日から調子に乗り、ワインをたくさん飲んだ。すでに正体を明かしたようなものだ。調子に乗ったのには、私なりの理由がある。理由は感動だ。何に？　それは男性が家事作業をしている姿に。

私と同年代のロベルト、我ら女性陣がスーパーに出かけている間に、手早く夕飯をつくり、その後片づけまでキチンとやり遂げたのだ。これに感動しないわけがない。

実際の料理姿をじっくりと見学したわけではないが、帰ってきたときにはほぼできあがっていた。最後のジェノバソースをスパゲッティに和えるところを見学した。

ロベルトお手製のジェノバソースは、バジル・牛乳・バターで練り上げたソースだ。これをパスタにかけただけだが、実にうまかった（イタリアでは、各家庭の味のジェノバソースがある）。このメニューをロベルトが整えたということに、私は驚き、絶賛したというわけだ。

私は、20代の頃からこれまで、家事とはどうあるべきか、誰がどのように担うべきかを考えてきた。家事は暮らしに必要不可欠なことであり、誰もができなければならない。

合理的家事、男性の家事、子どもの家事、老人の家事など、家事は年齢とともに、さまざまに追求されていかなければならない、といつも考えている。そして、そのヒントがないかと常に探してもいる。それが、ここジェノバのロベルトの姿でみつかった気がした。それも感動という形で。

女は結婚して家にいて育児・家事などするのは当たり前、という時代を私は過ごしてきた。失礼ながら、私世代のイタリア男なんて日本の男と同じように、ろくに家事もせずほとんど妻任せなのだろう、と想像していた。それが、大いに違っていた。私の友人男性でも、趣味としての料理はしても、後片づけはせず、まして掃除など絶対にしない、という人は多い。

だがロベルトは、そうではない。調理後の片づけ、食事の後片づけ、そして、食べ残したものを冷蔵庫に片づける、その後は床掃除と、料理をつくるところから、食事が終わった後の細かな働きまでしっかりと行っていた。その姿を見て私は、「これは一朝一夕にできる動きではない！」と思った。写真を撮る間もないほどの、スムーズな動きが目の前で展開された。

「食」は営みの出発点

それでも、ロベルトの働きは到着初日だけかと私は疑っていたのだが、それは日曜まで続いた。

私が来ているので、日曜に仲間を呼んだという。その準備に、集まりの前日、ジェノバのオールドタウンへと3人で買い物に出かけた。ロベルトの役割は、食材選びと荷物持ちだ。

果物、野菜、チーズ、肉を探して、オールドタウンの裏路地にひしめき合っている店をアチコチと、迷路のようにさまよった。迷路にひしめき合っている店舗の多さは、東京のアメ横の比ではない。イタリア人の胃袋の大きさ、深さ、貪欲さに圧倒される。

イバナの買い物を見ていて、気がついたのは、一度は試食するということだ。たとえば、果物。よさそうなのをみつけると、店主が試食を差し出してくれる。それを、当然のように試して、口に合わなければ買わない。

試食が買い物をする上でふつうのことになっていた。すべての食材がむき出しで、個包装などされていないからこそできるやり方だ。日本の青果店でも、たまに試食させてくれることはある。それでも稀だし、最近のスーパーやデパートでは少なくなっている。味を見て購入を決めるという習慣は、日本ではほとんど消え絶えているのが実情だ。

食材の買い物については、ここイタリアでは、まだまだ味見文化が残っているようだ。

ひしめき合う食材の店舗を見ていると、人の営みの出発点が食生活であることを感じないわけにはいかない。経済活動も大切ではあるが、やはり、食生活あってこその暮らしである。ここを忘れてはいけない。ジェノバの路地裏食材店を見て感じたことだ。

さて、買い物を済ませて帰宅し、昼食を昨日の残りでサッと済ませた。ワインで眠くなり、休んでいるとふたりは再び買い物に行くという。明日の準備を再開するらしい。

またまた、別ルートの迷路に入り込む。迷子になってはいけないと必死で後を追いかける。彼らにとって、このルートはなじみなのか、とにかく大量の果物、野菜、パスタを次々と買い込んだ。誰が食べるのか不思議なほどに。午前中の買い物は、買い物じゃなかったの？　と思うほどに。

迷路から抜け出し、一度家に荷物を置いたら三度目の買い物に出発する。今度は、家の近くの市場だ。ここも大きくて、広い。肉、魚、野菜、果物、チーズ、パスタ、オリーブ、デリなど、本当にいろんな種類の食材が揃っている。

ここでもイバナは試食。キノコが並ぶ店に、黄色のキノコがあった。香り高くて味わい深い、とても美味しいキノコで、その美味しさは私も知っているが、価格が高い。

ロベルトに内緒でイバナは買った。内緒にする必要などあるのか、と不思議に思われるかもしれないが、それほどこの時期の黄色キノコは高い。日本でいえばマツタケレベルだ。ロベルトにばれたとき用に、「阿部が欲しがった」という言い訳までふたりで考えた。

macelleria
genovese
fromaggio

買い物は楽しい。特に食材の買い物は、私にイタリアの楽しさを再認識させてくれた。

私もイバナの真似をして、オリーブ店で試食。本場だからフレッシュでサッパリとしていて美味しい。グリーンオリーブをドッサリと買った。帰りにドイツに立ち寄るので、お土産だ。

帰り着くと、ベビーシッターをしている友人・ステファァーニャが来ていた。イバナと三度目の買い物に出かけている間に、またまたロベルトは料理をしていた。

サラダとフォカッチャは同じだが、それに、本日は肉入りパスタと卵焼きが追加されていた。ワインと一緒にいただく。

ベビーシッターのステファァーニャは、子どもがいうことを聞かず、手間がかかり大変だと話す。この夜は、イタリア語が飛び交い、話の内容を英語で通訳してもらいながら参加する。気持ちがウキウキと踊る。食事が旨いからか、人が優しいからか、それともイタリアが私にピッタリだからか、気持ちが勝手に弾んでいた。

細やかな家事男子

朝、ロベルトと彼の祖父の家へと出かける。到着してみると、すでにおじいさん、ご両親ともに亡くなり、家は廃屋。昔は農家だったそうだが、今は誰も住んでいない。そこを、少しずつ片づけに通っているそうだ。高台の見晴らしのいい場所だった。お墓参りを済ませて帰宅。

帰ると、イバナの母親、お兄さんと息子が一緒に何やら相談している。聞いてみると、同じ集合住宅に住むイバナの母が、友人のいるケアハウスに行きたいと駄々をこねているとか。彼女はひとりでは何もできない、だからケアハウスなど行けない、とみんなで説得していた。

母上はシャッキリとしていて、とてもひとりで何もできないとは思えない。年の頃は、私の母と同じ80代後半だろうか。ややこしい話なのに、駄々をこねる母親を目の前にして、いろいろといいたいことを歯に衣着せず家族が話し合う。イタリアは面倒な話も陽気に話すところがオープンでいいな。

一段落したら、みんなで昼食をとった。ビーフ、サラダ、パン、もちろんお伴のワインも。

夕方から、本日のゲストを迎えるための準備にとりかかる。私のメニューは巻き寿司とトンカツ、イバナは塊肉のオーブン焼き、サラダ、オリーブ、例のお高いキノコソテー、果物。昨日の材料を料理して準備する。こうしたときはイバナの役目なのだろうか、本格料理だ。

といっても、ロベルトはその間にも洗濯物を干している。洗濯は洗濯機がしてくれるが、干すのは人の手。

窓の外の建物沿いに、洗濯物を吊るすための長いロープが釣り下がっている。このロープに洗濯物を通し、広げて整えながらロープを引っ張って吊るしていく。結構力のいる作業だ。

洗濯物干しが終わると、掃除とゴミ捨てなど、細々とした準備に動いている。またまた、このロベルトの動きに感動。

「とてもいい夫ね」とイバナにいうと、「ほんとにそう。子育て中も、彼がすべて手伝ってくれて助かったの」と。

ここまで男性が家事を積極的に手伝っている姿を、私は、これまでの暮らし体験で見かけたことがなかった。家事をするといっても、ほんの少しだった。しかしロベルトは、買い物、料理、掃除、洗濯物干し、ゴミ出しと、ほとんどの家事をこなしている。日本の男性もこれくらいスムーズにできると、私たち女性と対等になるのだが、どうやらイタリア男性と比べると、日本男性は半世紀以上遅れているようだ。

その後友人たちとの夕食は、楽しく愉快、成功にて終了した。

暮らし体験は7日間だが、ロベルトの家事男子ぶりは休日の1〜3日目まで ずっと見られた。

その他の4〜7日目は、ふたりとも朝から夕方まで仕事、その後も仕事の残りがあったり研修会が重なったりして、私は日中ジェノバ観光などで日々を過ごしていた。ランチはひとり外で、夕食はイバナとピッツア店へ行くなど外食中心だった。

再度のイタリア　アルバ・アドリアティカ

イタリア・ジェノバにて、ロベルトの家事男子ぶりの衝撃が大きく、これはこの家だけのことなのかどうか確かめたくなり、再びイタリアへ暮らし体験決行となった。

今度はローマの反対側、アドリア海に面した避暑地、アルバ・アドリアティカ。避暑の時期にはたくさんの人が欧州中から押し寄せるという、人気の観光地だ。

誰が家事を担うのか？

　体験地は決まったものの、かの地アルバ・アドリアティカまで、ローマ空港から向かうのにはどうしたらいいのか？

　いろいろ調べたが、誰もその町を知らない。旅行代理店すら要領を得なかった。

　仕方なく、家までタクシーを飛ばすことにした。それをホストマザーにメールすると、「お金がもったいない！」といわれ、ちょうどフランスから帰国するというホストファミリーと、空港で待ち合わせることになった。

　暮らし体験ファミリーは、妻フィオーラ&夫アウレリオのセッロ家。ローマの空港ロビーで、彼らは「ＡＢＥ」と書いた紙を手に待っていてくれた。

　フィオーラは、やや小太りのふっくら体型。目鼻立ちがハッキリとしていて、特に目がパッチリで少し丸顔。髪は茶色で、肩までの長めヘア。初対面だが、ハキハキと質問を浴びせてくる。何事にも興味津々といった様子で好奇心旺盛だ。彼女は英語を話す。

夫アウレリオは、シチリア出身。細身で、スキンヘッドと日焼けした風貌が、イタリアンマフィアのコルレオーネ一家にいそうな感じの、ちょっとヤクザ風タイプ。英語は話せないのだが、その風貌に似合わず、移動中のトイレ休憩を気遣ってくれるなど、優しい心の持ち主であった。

ローマから車で2時間の道のり。遠くはない。直行バスもあるので、帰りはバスだ。

車中フィオーラは、日本についていろいろと聞いてくる。それに答えている間に家に到着。着くなり隣家の友人フランカが飛んできて、旅の様子を聞き、留守中のことについて報告していた。とにかくみんなおしゃべり好きだ。

日本なら、到着後はフィオーラが夕食の支度にとりかかるはず。が、その気配すらない。そうなのだ。アウレリオが支度にとりかかっていたのだ。夕食は、シチリア風スープ、パン、サラダ、チーズ。アウレリオの料理は、手早かったし旨かった。旅の疲れもふきとんで、スープをおかわりした。

アウレリオは料理だけしかやらないようだが、それでも立派な家事男子。やはりイタリアは家事をする男性が多いと実感する。

ここでアルバ・アドリアティカについて。ここアルバ・アドリアティカは風光明媚な観光地。穏やかなアドリア海と、白い砂浜。海岸線がどこまでも続いている。海は遠浅で、水の色は紺碧色。夕日が沈むときは、幻想的な趣さえ醸し出している。

以前、イタリアとアドリア海を挟んだ反対側のクロアチアに旅したことがあった。そのときのアドリア海は荒波が立っていた。水の色は緑青で同じだったと思うが、荒々しい海という印象であった。

イタリアで目の前に見るアドリア海は、今までに見たどの海よりも美しく、印象深かった。避暑時期が去ったからか人はまばらで、海は夏の終わりの表情をしていた。決して荒くなく、静かであった。朝に、夕に、私は幾度となくこの海を散歩し、ときどきイタリア式浜茶屋に立ち寄る日々を過ごした。

この観光地のはずれ、アドリア海から歩いて3分ほどの場所がフィオーレ&アウレリオが住むセッロ家だ。

フィオーレは高校の教師、アウレリオは食品販売のセールスマン。息子ふたりのうち、ひとりはオーストラリアにいて、下の息子はローマの大学に通う学生だ。

アウレリオの料理は到着の日だけだと、私は思っていた。ところが違った。今回の暮らし体験の目的に、私は、「家事を担うのは誰か？」という単純な疑問の答えを探したいと考えていた。

ジェノバのロベルト、アルバのアウレリオ、そして後述するマドリッドのエリック。南欧州の男性陣はみな家事男子なのか？　との疑問がフツフツと湧き、その答えを知りたくなったのだ。

そこで、私はフィオーラが勤める高校についていき、2クラスの生徒全員に、「あなたの家庭では、誰が家事をしているか？」と質問することにした。これは前もってフィオーラにメールで依頼していた。

すると、生徒42名の半分近くは「母親」との答えだった。残りの半分は父親もするという。まだまだ女性が主流という現状はあるようだが、それでもやっぱりイタリアは家事男子が多い、との印象を私は持った。「家事に興味があるか？」との質問では、10名ほどが手を挙げて「興味あり」と答えた。その中に男子生徒も数人いて、嫌々ではなく、イタリア男子が家事に興味を持ってくれている様子が窺えたのだ。嬉しいかぎりだ。

この暮らし体験の翌年、日本のある企業の男性社員15名ほどに家事についてて話す機会があり、彼らに家事をしているかどうか質問した。独身者数名はしていたが、自宅通いは母親、妻帯者は妻、と男性はほとんどしていないという結果に。

誰が家事を担うか、日本では相変わらず女である。このことが色濃く映し出されたと思う。

ファッション誌から飛び出た先生たち

ところで、話は少々逸れるが、フィオーラの通う高校の先生たちはとてもおしゃれな方たちだ。特に校長先生は、ファッション誌にでも載るようなモデルかと思ってしまった。

ロングのシルバーヘア、アイラインとアイシャドウが強調されたメイク、ファッションモデル顔負けのスタイル、淡いパープルの肩出しドレス。プラチナの高めヒールを履いているので、長身がよりスラッと高く見える。このスタイルで生徒に講義をしている。えっ！ と、思わず、ここはどこなのかと、居場所さえ忘れるほどだった。

我が国の高校の先生といえば、体操服を着ているイメージがあるが、イタリアは違う。思い思いの装いで個性的だ。

フィオーラも学校に行くときには、ヘアスタイル、装い、マニキュアに至るまで、日々のスタイルが斬新であった。

もちろんそのせいでもないと思うが、生徒たちも個性的で、しかもハキハキしていて、彼らから、「韓国と仲が悪いが、どうなっていくと思うか？」「日本ではだれが家事をするのか？」「学生はランチに何を食べるのか？」など多岐にわたる質問が寄せられ、私は答えるのに必死だった。日本の生徒も、今ではこんなに活発なのだろうか？

ホストファザーは料理担当

さて、食事の話。フィオーラとアウレリオは、昼頃には必ず家に戻り一緒に食事をする。仕事の開始時間はふたりとも早く、遅くとも7時前には家を出る。そして昼は家に帰り、アウレリオが料理をし、ふたりで食卓に着く。その後、ちょっと休んだら、また仕事に出かける。夕方はだいたい6時すぎに帰宅。

驚くなかれ、夕食もアウレリオがつくるのだ。アウレリオが料理をするのは、このセッロ家のルールでもあるかのよう。若かりし頃、アウレリオはシチリア出身のミュージシャンだったという。きっと、独身時代は料理も洗濯も自分でこなしていたのだろう。

昼食・夕食ともにふたり一緒に食卓を囲み、時を過ごす。後でわかったことなのだが、イタリア家庭は、家族が一緒に過ごす、これが当たり前のことらしい。

フィオーラは、いつもアウレリオのことを気にかけているように私には感じられた。それは、60代近くになっても仲がいいということだと思う。家庭が円満ということだ。この家庭愛とでもいうべき結束は、イタリアの特徴かもしれない。いつも一緒の感覚、これが大事なのだろう。

一緒にいるためには、ルールもまた大切。多分子育て中は、フィオーラが料理をしていたのだろうが、子どもが独立してふたりとも働くことになり、ルールが変更になったのではないだろうか（これはあくまでも、私の推測だが）。

ついでに、男性数人に家事についての話を聞いた。たとえば、フィオーラの学校の男性教師は、料理はときどきするが、洗濯なんてしたことがないという。これには女性教師陣から、相当に詰め寄られていた。

また、隣人フランカの友人に話を聞くと、料理はするが洗濯や掃除はしない、と。アウレリオを見ていても家事男子ではあるが、前の滞在先のロベルトのように掃除、洗濯まではせず、料理に限っている。

しかしフィオーラだって、私がいる間に1回しか掃除しなかったし、洗濯をしているところは見たこともないのでトントンといったところか。

フィオーラの説明では、イタリアも昔は専業主婦が多かったせいで、女性が家事をこなしていたそうだ。次第に女性も仕事を持ち、働くようになって、共働きが増えた。

それは北イタリアが顕著だったそうで、北イタリアの男子は家事率も高いという。その後、中イタリア地方も共働き率がアップして、男子も家事をする家が多くなってきたそうだ。だが、南イタリアはまだ専業主婦率が高く、家事をする男性は少ないとの話だった。

女性も男性と同じように仕事を持って働くようになると、家事も平等にシェアするようになる、ということらしい。

日本での家事男子の地域差などは調べていないが、もしかしたら、各地域の共働き率と男子の家事率には、相関関係があるのかもしれないと思えた。ま、地域差はともかくとして、女性が仕事を持つか持たないか、このあたりが男性も家事をするかしないかの分かれ目となるのだろうか。

私のまわりでも、専業主婦の友人の夫は家事をしていない。一方で共働きの夫は何かしらの家事をこなしている。たとえば、買い物、後片づけなど。ただ、日本の男性の場合、料理はハードルが高いのか、アウレリオやロベルトのように料理が板についている男性は、私の知る範囲ではゼロだ。

そうしてみるとセッロ家は、優秀な家事男子が揃っている。私の滞在中に、ローマにいる息子のジョルジュが彼女とやってきた。すると、アウレリオに代わりジョルジュが料理をしたのだ。いとも楽々とジェノバスパゲッティをつくってくれた。

庭のバジルを摘み、ナッツ《クルミ》、塩、オイル、氷（なければ水）を混ぜて、攪拌機で砕いてジェノバソースをつくる。ここにも家事男子がいた。セッロ家の伝統教育なのか、それとも、母親が働いているので自然にそうなったのか、つい聞きそびれてしまった。

いずれにしても、イタリアは家事男子が多い。もし機会があったら、南イタリアの家事男子にも会いたいものだ。

欧州は家事男子の宝庫？

イタリアの家事男子の話ばかりをしているが、実は、イギリスでも、アイルランドでも、私は家事男子にお目にかかっている。

イギリス・イルクリーのテリー家当主ボブは、とてもまめに家事を手がけていた。出張から帰ると、すぐに洗濯して干し、乾いた後には、アイロンかけまでしていた。

ボブに「洗濯やアイロンかけ、苦痛じゃない？」と聞くと、「楽しくて、ストレス解消だよ。意外に」との返答。

「洗濯以外は？」

「なんでもやるよ。もちろん、ランチだって自分でつくる。今、クッキングスクールに通っているんだ。そこにも僕と同じような男性が来ていて、楽しいよ」

という。

私が、暮らし体験したスペインでは、完璧な家事男子がいた。少し詳しく話をする。

スペイン暮らし体験は、マドリッドから電車で2駅ほどの町に住む、リタイアしたホストファザーのエリック、そのエリックと入れ替わるように、働き始めたホストマザーのエレナ、それに子どもが3人という家族だ。

3人の子どものうち長女は独立して、スウェーデンで働いている。大学生の息子と高校生の娘が自立するまでの4人暮らし。それに犬1匹。

ホストはどちらも、スペインでは知られた建築家だが、73歳のエリックは美味しいモノを食べすぎて太ったようで、お腹がしっかり膨らんで相当太め。メガネの顔は丸く、スキンヘッドだが目元にやさしさが滲んでいる。

彼がリタイアし、今度は60代後半のエレナが働きだした。まだ子どもの教育費がいるからだそうだ。エレナはほっそりと痩身で、顔立ちはハッキリとしているが、肩までのヘアに穏やかな目元、話し方も優しく親切心タップリといった人だ。

その頃、日本は働き方改革などといっていたが、海の向こうではとっくの話であった。働きたいほうが働けばいいのだ。何とも素晴らしい、いい暮らし方だと思った。

エリックはリタイアしたからといって、全く仕事をしていないわけではない。環境大国デンマーク出身ということも影響しているのか、この町の環境問題のアドバイザーとして若い人たちと一緒に活動しており、問題があれば、調査をする。

当時、近所の山を崩し住宅にする話が持ち上がった。そこに私は連れていかれ現場を見学した。確かに、マドリッドは人口が増加し、住宅が必要とはいえ、見晴らしがよく静かな場所を開発して建設すれば、これまでの景観はすべて失われてしまう。景観を無視するような開発をしようとする現場に、エリックは反対。もちろんそれに、私も現場を見て賛成であった。

こうした日常の中で、エリックはとてもうまく家事をこなしていた。驚いたのはその料理の腕前だ。毎日3食手際よくつくる。料理人としても通用するほどの腕前で、どの料理も旨い！　これには私は舌を巻いた。

たとえばデンマーク風ハンバーグ。ふんわりしてジューシーだったし、メルルーサをスープ煮にしたのは、初めて味わうやわらかい味で、焼かずに煮るのっていいのだな、と思わせられる味だった。圧巻はトルティージャ（スペイン風オムレツ）。本場だが、家庭で味わうトルティージャだ。これも、厚すぎず、薄すぎず、厚さがちょうどよく、しかも味がいいのにはビックリだ。それに添えられたのが魚の素揚げ、サラダ、ワイン。

料理は主に昼食が中心で、夜は軽めなのかと思っていたらそうではなかった。夕食はスウェーデン産ニシンの酢漬け、ピラフのマッシュルームソースがけ、サラダとワインといった料理が並ぶ。

エリックもデンマークにいるとき、母親の料理を見様見まねで習得し、あとは独自で研究した結果というわけ。

聞けば、スペインでは父親は何もしないという。とすると、エリックは特別な存在のようだが、彼の友人のアンドレアスも料理好き。デニッシュをつくって食べさせてくれたり、日本製の刺身包丁を持っていて、マグロを手際よく捌いて刺身にしてくれたりもした。日本人の私でさえできないのに、いとも簡単に捌いていた。

この人たちの料理への興味は深すぎる。そこから派生して、次第に日本への興味も深まっていったようだ。

エリックの家事は主に料理中心で、昼前から働きだす。朝は毎日パン、コーヒー、果物、卵料理なので、パンづくりを欠かさない。それに2日に1回洗濯機を回し、洗濯をする。高校生の娘の肌着まで干すのだから、いやはや、エリックはれっきとした家事男子。それに、2週に1回はシーツなどの大ものを洗濯して、アイロンがけまでするという。久しくアイロンがけをしていない私としては、その話を聞きながら、穴があったら入りたくなった。

では、掃除もするのか？　立って掃除できるスウェーデン製のホウキとチリトリでパッパと、気がついたらするようだ。そのため、掃除機などはなくていいそう。シャワーの浴室には、スクイージー（水切り）が置いてあり、使用した者が水滴を落とす仕組みになっていたので、いつでもきれいな状態が保てていた。

エリックのように、料理を自分流に身につけさえしたら、他の家事など、大したことはない。手が空いているときに、ちょこちょこと済ませればいい。

大切なことは、料理（仕事もだが）は性別でやる作業ではないということだ。食べることは、生きるために必要なことなのだから。といって、○○料理ができる必要はなく、ある程度（ご飯が炊け、みそ汁がつくれる程度）できれば大丈夫だ。興味が湧いたら、いつからでも腕をアップさせていけばいいだけで、料理人になるのでなければ、そこそこ、まずまずの腕でいいのだ。

もっとも、家事を担ってきた女子だって、すべての人が料理好きだったわけではない。私も、この年になり、ようやく料理ができるようになった。若いときは、ひどかった。炊飯器があれば、ご飯は炊ける、煮物でも、材料次第で、丁寧に煮れば、うまくいく。と、こんなことがわかってきたのも、数多くの失敗を繰り返したからで、いきなり、うまくなったわけではない。

それから、アイルランドの家事男子は洗濯をしていた、ドイツやオランダでは、食器や調理器具の後片づけをしていたと、欧州家事男子の姿が、次々と浮かんできた。

日本男子は70代の戦後生まれでは、「男子厨房に入らず」「家事ごときは、女の仕事」という考えが根強い、と私には思える。それは、母親世代が仕事を持たず、女が家にいて家事を専業とした時代のこと。

その時代の子どもたちは、「男子は外で仕事、女子は家で家事」という環境下で育てられた。誰もが、子を産み育てるのは女である妻・母、家事も女の仕事と刷り込まれて育った。

高度経済成長期、こうした家族環境を当たり前として、子どもは大人になった。やがて成長したのち、家族を持つと、自分も親世代と同じように、男は外、女は内との考え方の下、家族を構成した。

ところが、その後、交通、流通、文化交流などが発達し世界中を巡るようになり、さらに通信手段も一段と進み、人々の間に、これまで知りえなかった世界がパッと開けた。

同時に人々の世界観が広がり、経済的事情もあり、女も男同様に仕事を持って働く時代となった。しかも、出産して家族を持った後も働かなければならない。

しかし、60～70代の夫婦の場合、連れ合いである夫は、依然として〝家事は女〟との考えから抜けきらず、非協力的なのである。その夫婦の子どもも、親世代と同じ考えを持ち、働く妻を持つ40代でも、育児、家事は女が担う、との考え方が染みついているようだ。

ここ日本では、性別で役割を担うという考え方が長く、それが今も尾を引いているのではないか、と私は思っている。

男女共働きの時代が到来しても、母は変わらずに、妻、母の役割を担わされ、その上仕事である。となると、女の労働量たるや、大変なことだと叫び声が上がる。「男女雇用機会均等法成立」を経てもなお、女の担う家事労働の軽減はさして進んでいない。なぜ、負担は減らないのか？　なぜ、日本の考えは一向に変わらないのか？

さまざまな国での暮らし体験を通して、その答えを探った。すると、男子・女子の前に人間としての基本的教育が、我が国ではすさまじく乏しいという現実が見えてきたのである。

誰もが身につけたい暮らしの基本＝家事

性別以前の、人として身につけておくべき基本、それが家庭＝家事である。

家族の基本構成は人から成り立ち、その集合体が社会となる。

従って、**暮らしとはどのようなものか、それをうまく司る家事（幸田露伴の母・猷《ゆう》さんが言っている規矩）を身につけずして、社会の一員とは成りえ**ない。暮らしを司る作業は、誰もが身につけていてしかるべきなのである、と私は思う。

家族をつくってから、ようやくやり始めることではない。**子どもの頃から身につけるべきことだ。**海外暮らし体験をしてみて、それがよくわかった。

特に、欧州では、両親ともフルタイムで働いている場合が多い。だから子どもたちは、両親の手伝いで、テーブルセッティング、ゴミの始末から始め、やがて料理も一人前となり、自然と家事を身につけて大人になる。欧州での家事は、大人になってから身につけることではなかったのだ。

犬養道子氏は1972年に出版した『女が外に出るとき』（中公文庫）に記述している。

「外人家庭が片付いている理由は、男の子も女の子も、よちよち歩きのときからすでに、『自分の領域の自分の始末』の訓練が身についているからではあるまいか。家の整理は、家人こぞって、めいめいに、また助け合いながら、その都度『やってしまう』トレーニングである」

私は、こうしたことこそが暮らしであり、家事である、と考える。だが、日本ではどうか。

日本の子どもたちは、成績ばかり気にして学問、勉強に明け暮れ、親も勉強さえしていれば後の就職によいと思い、それが目標となっているようだ。そのために、**人として身につけるべきことをさせずに大人になることを、見過ごしてしまっている。**

そもそも人は、生きるが第一。学びは学びたいとき学ぶのが大事で、強制的に押しつけてもうまくいかない、と私は思う。好きでもないのに学びを強制すれば反発される。

たとえば、最近名を馳せている、世界的な環境運動家・グレタ・トゥーンベリさんは、高校生のときに、ＩＣＰＰの環境報告書をくまなく読み、それがきっかけで、「今、自分は学校に行っているときではない。環境問題を大人に訴えるときだ」と割り切り、休校して活動に専心したという。その後、活動を一段落させ、現在は再び学校での勉学に励んでいると伝え聞く。

そうなのだ。自分の人生は、自分で決めていい。親、教師、社会が決めるのではない。こうした行動を容認するだけの、豊かで懐の深い、親、学校、地域、国の環境が培われている。これが、先進というべきところの在り方だろう。

このようなグレタさんの行動は、日本で行えばどれほど白眼視され、非難され、後ろ指を指されるか、と想像がつく。それほど狭量な国と社会になっているのだ。

これでは、子どもが自由に考えたり、学んだり、物事を決めたりできない。人はみんな同じではない。それぞれの意見が違っていていいのだ。

そのことを気づかせ、考えさせるのが親、学校の役目である。型にはめ、自由を削ぐのではなく、子どもの意見を尊重し、ひとり立ちできるよう導くのが、親、学校、社会、国なのだ。

もの知りであるだけでも、知らなすぎるのでもなく、頭でっかちにならず、困難にも、苦しいことにもひとりで立ち向かえる精神、ひとりで生きるための作業スキル、社会に対する意見。これらを持ち合わせた人になるために、まずはその基礎要素を順次身につけていかなければならない。この基礎要素の一つ、それが家事である。

隣人とはフレンドリーで

年齢を重ねてからの海外暮らし体験、行けるのかな？　と思っていた。でも、思い過ごしのようだった。74歳でイタリアに暮らし体験を決行したのだ。アドリア海を目の前にした滞在地。2軒続きのデタッチドハウスで、その隣人とは、裸足で行き来するほどの仲良し。もちろん、プライバシーもお互い尊重し合う仲だ。

隣人は、この周辺地域の出身者だという。だから、彼女の友人たちは、周辺のあちらこちらに住んでいる。海辺を散歩すると、誰かしら知り合いから声をかけられ、立ち話が始まる。そんなことがしょっちゅうだった。

あるときの海辺の立ち話。友人夫婦はつい先ごろ、日本へ旅行したという。そのときの日本食のことを、夫が面白おかしく表現をした。

「日本の食事は、きれいだったけど、ピッコロ、ピッコロね。びっくりしたよ。あれで、身体がよく持っているね」

と、話しながら、友人たちは大笑いをした。はて、何事か？

フィオーラの解説によれば、ピッコロとは、とても小さい、少ないという意味だそう。つまり、「日本食はきれいだけど、少ないよ」ということだったのだ。そういえば、イタリアに到着してから、毎日、私は大盛スパゲッティ、チーズ、ハム、バーベキュー、サラダなどを、遠慮せずに食べていた。

日本の旅館、料亭などで出される食事は、洒落た器に、品数多く、美しく、見た目から食欲が湧くように盛り付けられてはいるが、確かに日本人の胃袋の大きさにあった分量だといえる。

こちらイタリアは、量も多く、味も濃く、品数は少なくても、デザートまで時間をかけて、ゆっくりと食べるような構成になっている。それで、彼らにとっては、「ピッコロ、ピッコロ」となったのだろう。

彼らが小ささを表現するのに、大の大人が身体全体を屈めるようにして、首を曲げながら、「ピッコロ」というので、みんなの笑いを誘っていた。

この身体表現から、「小さい」「少ない」ということが、より真実味をもって伝わってきた。「ピッコロ」は、日本を表すときの、私たちだけの言葉となった。

友人たちは、悠々自適の人たちのようで、いつも、陽気なおしゃべりに花を咲かせていた。

フィオーラの一番親しい隣人フランカが、自分の生まれた町（その地域では知られた観光地）に、私をミニ観光に連れていってくれるというので、フィオーラと一緒に車で連れていってもらった。すると、その町で、いつの間にか他の友人らも合流し、女5人で町中をアチコチ観光することになった。

美味しいジェラートを味わい、ここでしかつくっていない、オリーブを挽肉で包んで揚げた料理を買い求め、アクセサリー屋で油を売って、教会でブラブラとおしゃべりしていた。すると、あの「ピッコロ」おじさんが通りかかり、またもや、日本のピッコロ話に、大きな花が咲いた。

とてもリタイアした人たちとは思えない、活動的な日常の一場面を、半日ではあるが体験することができた。私には有意義で、楽しく、面白い体験であった。充実の半日を過ごしたので、もう、これほどの時間はないだろうと、実は、私は思っていた。ところが、違った。

明日帰国という前夜、最高に盛り上がる時間が訪れたのだ。その日の午前中、私は自動車に身体をぶつけられ、救急車でイタリアの病院に運ばれた。フィオーラが青い顔で迎えにきてくれ、大事には至らなかったが、午後は安静を保っていた。

これが日本だったら、救急車で運ばれたなんてことになれば、その日の夜に予定されていた「さよならパーティ」など、即中止であろう。でも、ここはイタリア。私も、何食わぬ顔でランチを食べ、午後休憩をしていたのだから、彼らも安心したに違いない。予定通り、パーティは午後8時過ぎから始まった。

隣人と友人、ピッコロ組の顔は見知っていた。その他に初めて会う、アウレリオの友人の若い人たち数人、さらに、友人の友人と、総勢16人が集まってくる。広いと思われた庭に、ぎっしりの人たち。テーブル上には銘々が持ち寄った食べ物、飲み物がギュウギュウと並び、イタリア語が宙を飛び交い、パーティは始まった。

2時間ほど、全員が飲んだり食べたり、味わったり、写真を撮ったりと、一段落したところから、ギアがもう一段上がった。

アウレリオは元ミュージシャン。レコードも出していて、音楽ではちょっと知られた有名人。マイクがスタンバイされ、ギターの生演奏歌がスタートする。ミニステージだ。

みんな音楽が大好きで、我先にと、若者がステージへと押し寄せる。ついには、私に歌の要望が向けられた。日本語の歌を、伴奏なしで歌った。すると、皆がホッとしたのか、堰《せき》を切ったように、女性5人組が、次々とステージで歌を披露。ついには、曲に合わせ、全員で踊りだした。

気ままに踊り、歌い、飲み、食べ、リズムで手拍子。彼らの姿は、人生そのもの。一瞬、一瞬、身体全体で謳歌し、楽しみ、愛おしんでいる、と私には受けとれたのだ。

イタリア人に対する、私のこれまでの印象は、陽気、能天気、単純、根っこがない、いい加減、といったものだった。しかし、それは一面であり、当たらずといえども遠からず。パーティに集った人たちを見ていると、人生を

感じずにはいられない。ここに集った人たちは、若い人は別にして、ほとんどの人は、リタイアしている。年の頃でいえば、60代後半だろうか。

もし、私のまわりの同年代の人が、若者が交じるパーティに誘われたら、行くだろうか？　多分断るだろう。でも、ここに来ているリタイア男女は、そうじゃない。パーティにも、ミニ観光にも喜んで参加する。

自分で決めて、自分で行動する。積極的に、人生の一瞬一瞬を楽しむ。これが、イタリア人の日常であり、人生を謳歌するやり方でもあったのだ。

毎日が日曜日の、我が日本のリタイア組はどうだろう？　日がな一日テレビにしがみつき、面白くないとグジグジつぶやいて、時間を持て余している人も多いのではないだろうか。残り少ない時間を、面白くないことに遣っている。これで本当に、「ああ自分の人生よかった！」といえるのだろうか。

私が見た「さよならパーティ」での光景は、イタリア人たちの、ほんの一部かもしれない。でも、その一瞬であったとしても、実に楽しく、夜更けまで、語り合い、踊り、飲んで、騒げるのは、彼らが人生を充実させようと、そう努めているからに違いない。

暮らしとは〝生き方〟

私は残り時間を数える年齢となった。山の頂を登り、下りの5合目は過ぎている。あと残された時間はどれくらいだろうか。残り時間を数えると、ウカウカとしていられない。時間の遣い方を考えなければならない。

これから先、目の前に吊るして、人生を楽しんでいくための「ニンジン＝楽しみ」を、どうしようか。そうなのだ、**イタリア人のように、人生を充実させ、満足し、愉快に、気ままに、面白く終わらせるための、ニンジンが必要だ**。大きく分けて、小・中・大のニンジンが要るだろう。

小ニンジンは、もちろん、日々を楽しくするためのものだ。日々を過不足なく終える、これは大切なことだ。嫌な一日でも、一日の終わりのニンジンがありさえすれば、愉快に終えることができる。

それがないと、嫌な気持ちを引きずり翌日まで持ち越してしまう。一日は一日で完結しないと、いつまでもグズグズ嫌なことを思い出して、後を引いてしまう。これはダメだ。一日は一日で完結させる。そのためのニンジンだ。

私の小ニンジンは、お酒。必ず一日の終わりにお酒を飲む。これで、一日を終え、新たな日を迎えられる。欲をいえば、そこに肴《さかな》が欲しい。ちょっと美味しい肴。私は旬のものが肴だと思っているので、筍、空豆、トマト、枝豆といった肴があると、より小ニンジンが映えるというわけだ。

中ニンジン、これは、年単位のニンジンのこと。たとえば、海外暮らし体験、地方に旅する、友人のところに出かける、好奇心を満たす取材に出かけるなどが、私の中ニンジン。一年、あるいは数年先を楽しみにして吊るすニンジンのことだ。中サイズだから、ニンジンにもある程度の金額と時間をかけて、気ままに楽しみたい、という大きさのニンジン。

今はまだ、下りの5合目くらい、これから先6合目へと下っていくとき、中ニンジンがぜひ必要になってくる。9合目を下りる頃には、中ニンジンの必要はもうなくなるかもしれない。だから、今の私には中ニンジンが、とても重要で、貴重というわけだ。

さて、大ニンジンであるが、これは、6合目から7合目へと下りるときのニンジンと私は想定している。が、その前に死がくるかもしれない。叶わなかったとしても、ニンジンだけは吊るしておきたい。

そのニンジン、欲張りだから二つある。一つは海外ちょい住み、二つ目は、これまでのまとめ本執筆。二つの大ニンジン。どちらかといえば、まとめ本書きを先に吊るしたい。先輩は「生涯現役」といい、それを実行していたが、それを見ていた私は、やはり9合目からはむずかしい状態だなあと思っていた。現役も引き際が大切。いつまでもしがみつきたくない。

まとめ本書きをサッサと仕上げて、次のニンジンへと向かいたい。次は海外ちょい住み。7合目くらいから挑戦してみたいと思っている。それには、お金も要るので、5合目でしっかり貯めておきたいとも思う。まだ、このニンジンは未定なのだが、用意だけはしておきたい。

と、このように、**色々のニンジンがあれば、まだまだ人生終末までの時間を、気ままに、面白がりながら、好奇心全開に、満足して過ごしていける。**そして、9合目の終わり頃には、消えるように逝きたいものである。

「アルバアドリアティカ近郊から、アドリア海を眺める」

「帰国前日、一品持ち寄りで集まってくれたフレンドリーな隣人仲間たち」

「手早く、パパッとジェノバソースをつくる、家事男子ジョルジュ」

「ホストファミリー・セッロ家のゆったりとくつろげるリビング」

「仲睦まじいセッロ家のベランダランチは、いつも話が弾む」

「体験」――それは人生を豊かにする

暮らし体験は、目的を持って行ったほうがいい。たとえば、私は「暮らしの実像を知りたい」という強い興味を持っていた。それは、まだ開発が十分にされていない国でもかまわない。各国の家庭で、この目、耳、声を通して暮らしを体験してみたい。

人によっては語学を学び、実際に話ができるかどうか、自分の語学力を試したいとか、語学を通した人との交流がしたいなど、いろいろあるだろう。体験をしてみると、自分の暮らしへの新たな発見や気づき、自国へのまなざしの変化、疑問や要望、時に反省なども出てくるだろう。その結果、語学を学ぶ、料理に精を出す、片づける、自然体になるなど、どれほどの収穫をもたらすか。それは、その人次第、体験次第ということになる。

一方、人様の家で暮らすのだから、自分の思いのままとはいかない。この点が人により、窮屈、退屈、面倒との思いへつながるかもしれない。

出発前もそうなのだが、帰国後の自己分析は、より大事である。分析の結果、興味はあるけれど自分中心が一番だった、となると、暮らし体験は向かないと判断できる。人との付き合いがうまく、それでいて、人様の家に興味のある人に、暮らし体験はおすすめの方法だ。

旅を終えると、ホストファミリーにお礼のメールや手紙を出して、礼をする。この礼が、ＥＩＬを通じた交流の上で、とても大切なことはいうまでもない。

が、私は、帰ってすぐに礼はするが、長続きしない。人によっては、そこから付き合いへと発展し、10年以上も関係が続いているという話を聞いたが、私はダメだ。続けられない。一国が終わると、次の国へと興味が湧き、次はどこへ行こうか？　と新しい家庭へと興味が移るせいだ。

一つの国で一つの家庭、一つの暮らしだけ、なんてことはありえない。世帯の数だけ家庭がある。同じ国でも、暮らす場所が違うと、暮らし方が違っているかもしれない、とついつい考える。だから、旅から帰ると、すぐに新たな旅のプランを考え、付き合いを継続させることなど忘れてしまう。

よほど、暮らし体験中にその家族と親しくなり、ずっと付き合っていたいな〜と思える家族なら、ほどほどに関係を続けられる。でも、私の場合それは極めてまれ。私の持つ興味と好奇心は変化する。だから、旅が終わると、次に興味が移っている。

いい忘れたが、**私は旅の間、始終ノートを持ち歩き、見たこと、聞いたこと、感じたこと疑問に思ったこと何でもすべてノートに残している。**そこには、旅の目的から、そのとき持っていた疑問、みつけた答えなど、さまざまなことを記している。

それをもとに、次回の旅ではこうしよう、こう解決しようなどと考える。その意味で、このノートは貴重な私の資料でもある。

さらに、ノートのおかげで、当時の旅が思い起こされ、空の色、空気の匂い、太陽の熱までも身近に引き寄せられる。

もう一つ欠かせないものは、カメラ。これまではデジカメを使用していたが、一昨年からｉＰａｄで残している。すぐに見られて、検索も可能だ。写真の保存場所は、だいぶ前からパソコンにしている。

これまでに撮った枚数が膨大になっているのだが、写真ばかりは、その瞬間にしかないものを写しているので、滅多なことでは消去できない、これも貴重な資料なのだ。写真のSDカードはノートと一緒に保管している。

さまざまな海外暮らし体験、これは私の人生の軌跡でもあり、人生をとても深く、豊かなものにしてくれた。

といって、ノートを読み直したり、写真を見直したりは、一切していない。私の記憶の中に、確かな思い出としてときどき蘇らせているからだ。必要なときに記憶の底から浮かび上がらせ、思い出せれば、それでいい。当時の空気感、日当たりの感じ、雨音などが、思い出とともに肌に感じられる。これだけでも、私の人生幅は広く、厚く、暮らし体験が面白かったと思える。

今回はヨーロッパの5か国について記したが、機会があれば「ヨーロッパ1か国ちょい住み編」なども書けたらと思っている。

そして、これからも身体の続く限り、経済的なゆとりが続くうちは、暮らし体験を人生の一ページに加えながら、ぶらり、海外ひとり旅を楽しみたい。

ぶらり、世《せ》界《かい》の家《か》事《じ》探《たん》訪《ぼう》〈ヨーロッパ編《へん》〉

著者　阿《あ》部《べ》絢子《あやこ》

二〇二一年一一月一五日第一刷発行
二〇二二年一一月一〇日第二刷発行
発行者　佐藤　靖
発行所　大和《だいわ》書房
東京都文京区関口一-三三-四　〒一一二-〇〇一四
電話　〇三-三二〇三-四五一一
フォーマットデザイン　鈴木成一デザイン室
本文デザイン　高瀬はるか
本文イラスト　木下綾乃
本文印刷　厚徳社
カバー印刷　山一印刷
製本　ナショナル製本
ISBN978-4-479-30889-8
乱丁本・落丁本はお取り替えいたします。
http://www.daiwashobo.co.jp

だいわ文庫

阿部絢子（あべ・あやこ）
1945年、新潟県生まれ。共立薬科大学卒業。
薬剤師の資格を持ち、洗剤メーカー勤務を経て、生活研究家・消費者生活アドバイザーの経験を活かし、科学的かつ合理的、環境に配慮した生活全般にわたる提案をしている。また、世界各国の家庭にホームスティをし、その国の暮らし・家事・環境などを研究している。薬剤師として、現在も調剤薬局で働いている。
主な著書に『キッチンに一冊 食べものくすり箱』（講談社＋α文庫）『やさしくて小さな暮らし』を自分でつくる』（家の光協会）『ひとりサイズで、気ままに暮らす』『老親の家を片づける　ついでにわが家も片づける』（大和書房）他著書多数。

本作品は当文庫のための書き下ろしです。